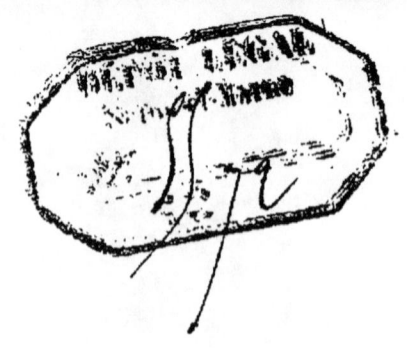

LE
TOUR DU MONDE
EN CENT VINGT JOURS

G

F. Aureau. — Imprimerie de Lagny.

LE
TOUR DU MONDE
EN CENT VINGT JOURS

UN NAUFRAGE AUX ILES DU CAP VERT —
— UNE EXCURSION A LA TOMBE DE MAGELLAN —

PAR

EDMOND PLAUCHUT

PARIS

MICHEL LÉVY FRÈRES, ÉDITEURS

RUE AUBER, 3, PLACE DE L'OPÉRA

LIBRAIRIE NOUVELLE

BOULEVARD DES ITALIENS, 15, AU COIN DE LA RUE DE GRAMMONT

1872

Droits de reproduction et de traduction réservés

Pour se rendre aux Indes ou dans l'extrême Orient, le voyageur n'a plus que l'embarras du choix : chaque semaine, de Marseille, de Southampton, de Trieste, de Brindisi, partent des bateaux à vapeur à destination de Port-Saïd, et telles sont aujourd'hui la rapidité et la facilité des communications, que l'on peut en quinze jours avoir vu les Pyramides, traversé le désert qui sépare le Caire de Suez, sillonné la Mer-Rouge dans toute sa brûlante étendue, puis, le détroit de Bab-el-Mandeb franchi, se trouver transporté en Asie, à Aden, dans la partie la plus pittoresque de l'Arabie-Heureuse. Soixante jours après avoir quitté Marseille, si l'on ne fait que passer quelque temps à Ceylan, à Hongkong et à Shang-haï, on naviguera déjà dans le grand Océan-Pacifique, et, si le bâtiment qui vous porte est appelé à faire la relâche de Honolulu aux îles Sandwich, vous aurez devant les yeux la merveilleuse végétation des archipels océaniens.

Toujours par cette voie, même en faisant escale au Japon, le touriste en quatre-vingt-dix jours atteint le Nouveau-Monde par San-Francisco de Californie. Là, des *steamers* côtoyant le littoral mexicain, — à moins qu'on ne préfère la voie du *Central Pacific rail-road line*, — vous transportent en deux semaines du pays de l'or dans les eaux de l'Amérique centrale. Le trajet de l'isthme de Panama, il y a peu d'années, imposait à ceux qui osaient l'affronter un tribut de fièvres paludéennes; il se borne aujourd'hui à une promenade de trois heures en chemin de fer. De New-York à Paris, on compte douze jours en moyenne. Il ne faut donc en réalité à l'homme assez privilégié pour posséder la liberté, la jeunesse, la fortune, qui permettent ces beaux voyages, que quatre mois pour faire le tour du monde, beaucoup moins qu'il n'en fallut en 1735 au premier président Des Brosses pour se rendre avec son ami Sainte-Palaye de Dijon à Naples. Au commencement du xvᵉ siècle, un moine augustin, *fray* Diego Guevara, dont j'ai lu les aventures singulières dans les archives d'un couvent portugais à Goa, fit le parcours de Manille en Espagne de la manière suivante : de Manille à Malacca, de Malacca à Goa, de Goa à Bassora, de Bassora à Alep, en traversant l'Arabie à dos de chameau ; d'Alep à Candie, de Candie à Livourne, de Livourne à Rome, enfin de Rome à Madrid par terre et à cheval. Ce voyage dura deux ans !

LE TOUR DU MONDE EN CENT VINGT JOURS

I

Le *Ripon*. — Calpée et Abyla. — Les Anglais en voyage. — Bible et cotonnade. — Le Maltais. — Civita-Vecchia. — Derna en Tunisie. — Alexandrie. — Le Nil. — Sept demoiselles à marier. — Masr-el-Qaherah. — Origine des chrétiens selon Mahmoud. — Suez.

Une erreur très-répandue en France, c'est que l'ouverture du canal de Suez rende plus rapide pour les voyageurs le trajet d'Europe aux Indes orientales et en Chine. On oublie ou on ignore l'établissement d'un chemin de fer entre Alexandrie et Suez, voie par laquelle on ira toujours plus vite que par le canal. Ce dernier ne sera avantageux, — mais cet avantage sera immense, — qu'aux bâtiments voiliers, exposés dans leurs voyages par la route du cap de Bonne-Espérance à périr sur les brisants des îles du Cap-Vert ou à sombrer dans les effroyables tempêtes du pôle antarctique. C'est surtout pour les émigrants pauvres, obligés de voyager par mer, que l'ouverture de l'isthme de Suez est un grand bienfait. Entassés pêle-mêle dans les entre-ponts des lourds bateaux qui les transportent vers des contrées lointaines, ils avaient parfois à braver des traversées de six mois; presque toujours mal couchés et mal nourris, les passagers voyaient progressivement leur caractère s'aigrir et se corrompre; des haines violentes éclatant entre eux pour les motifs les plus légers attristaient sans cesse les longues journées du bord, heureux encore si une mutinerie comme celle du *Fœderis Arca* ne livrait capitaine et passagers à la merci des matelots révoltés. Ajoutez à cela les risques d'incendie et de famine, les abordages, les calmes et les naufrages, et vous aurez une idée assez exacte du progrès réalisé par l'ouverture du canal.

Lorsque pour la seconde fois, après avoir échappé miraculeusement aux récifs et aux fièvres des îles du Cap-Vert, je voulus quitter la France et entreprendre le voyage à toute vapeur que je raconte, j'arrêtai mon passage à Southampton à bord d'un des grands bateaux de la *Compagnie orientale et péninsulaire*, au prix de 3,000 francs en première classe jusqu'à Hongkong. N'ayant été recommandé à aucun des passagers du *Ripon*, je restai pendant la traversée de Southampton à Gibraltar, — cinq jours, — sans dire un mot. Il est vrai que jamais je ne m'étais tenu sur une plus grande réserve, faute de ce talisman anglais qu'on appelle une présentation, et ceux qui connaissent bien l'Angleterre et ses usages me comprendront. Il n'y a en effet qu'une manière de triompher de la morgue des Anglais, — de celle, bien entendu, qu'affichent les classes riches, — c'est d'opposer à leur roideur une roideur plus grande. Quand vous devez voyager avec eux sur mer, hâtez-vous de prendre les meilleures places et faites-les déloger sans pitié de la vôtre, s'ils cherchent à l'usurper, ce qu'ils tenteront lorsqu'elle sera bonne. Point de politesse banale avec eux ; ne vous excusez même pas, si sans intention, vous leur marchez sur les pieds, qu'ils ont très-grands. Il est deux mots d'excuse avec lesquels les Français se croient le droit de déranger tout un public au théâtre, de heurter quelqu'un dans la rue, de mettre dans leurs plats le meilleur morceau d'un dîner de table d'hôte, d'être enfin désagréables, importuns et fâcheux ; ces deux mots sont : *pardon, monsieur*. Avec nos alliés d'outre-Manche, dispensez-vous de cette locution, qu'ils ont la bonhomie de trop prendre à la lettre. Lorsque après un peu de temps passé à bord il vous aura été permis de connaître vos nouveaux amis, — et dans le nombre il y en aura dont les relations vous honoreront, — vous pouvez revenir sans danger aux manières polies. Un dernier mot : il ne faut jamais s'exposer à faire de si longs voyages sur les navires de la Grande-Bretagne sans la certitude de pouvoir s'y créer en peu de temps quelques intimités. L'isolement, lorsqu'on arrive sous les latitudes élevées, est horrible, et peut même, je crois, engendrer la folie. Un jeune ingénieur espagnol que nous avions embarqué à Gibraltar et que je ne remarquai qu'à Ceylan, au moment où sans aucune raison il se levait de table pour injurier un de nos compagnons, resta jusqu'à Pulo-Penang complétement isolé de nous. Ne sachant ni l'anglais, ni le français, et aucun des passagers n'entendant l'espagnol, il dut concentrer pendant quarante jours toutes ses impressions en lui-même. Est-ce le résultat d'une insolation ? d'une attaque de *delirium tremens* ? Je n'en sais rien ; toujours est-il qu'à peine débarqué il s'enferma dans une chambre d'hôtel à Singapour et se coupa la gorge avec un rasoir. Pour moi qui, de Southampton à Gibraltar, ai tenu le triste rôle de personnage muet, qui suis resté étranger à tout ce qui se passait sur le *Ripon*, je ne puis attribuer cet acte de folie qu'à l'isolement dans lequel était resté trop longtemps cet infortuné.

Nous étions entrés de nuit dans le port de Gibraltar, et quand le matin je me hâtai de sortir de ma cabine pour voir le détroit, le soleil se levait, et ses rayons d'un rouge vif étendaient comme une gaze de pourpre sur la mer et le littoral. Calpée et Abyla, — les colonnes d'Hercule, — encore couvertes de brumes crépusculaires, tranchaient nettement dans l'irradiation croissante; sur les flots, des vapeurs diaprées comme l'opale se mouvaient confusément, et ce ne fut que vers sept heures, quand le soleil les eut refoulées derrière l'horizon, que je pus voir l'espace étroit où, comme à regret, le bel azur de la Méditerranée se mêle aux eaux glauques du grand Océan.

On a quatre heures seulement pour parcourir ce roc bardé de bronze et de fer. Il n'y a rien de gai, dans une promenade matinale, lorsque l'éclat d'un beau ciel vous réjouit, à ne rencontrer à chaque enjambée que gueules de canons et soldats *highlanders* en faction, c'est-à-dire de grands diables à figures écarlates, aux jambes nues, en jupons écossais, et portant pour coiffure un énorme bonnet à poil surmonté d'une touffe de plumes d'autruche. Heureusement il n'y a pas que des militaires anglais à voir sur cette forteresse; il y a aussi un pittoresque jardin public où l'on trouve en plein développement des cactus, des aloès, des géraniums arborescents, et dans les interstices des rochers une moisson de fleurs de câprier délicates et suaves. C'était un jour de marché; il se tient près du port, et je vis là, se coudoyant dans un étrange pêle-mêle, des Juifs, des Marocains, des Arabes, peu d'Anglais, beaucoup d'Andalous, contrebandiers rusés et audacieux. Les fruits en profusion étalés sur le sol étaient superbes; des fleurs d'oranger, montées en grands et beaux bouquets comme ceux que l'on voit à Nice et à Naples, me furent offertes à bas prix; j'en achetai deux sans songer à qui les offrir, et c'est pourtant à ce hasard que je dus de nouer à bord des amitiés inespérées.

Les Anglais ont de bonnes raisons pour garder Gibraltar, mais la meilleure n'est pas d'être les maîtres du détroit ou d'avoir un pied posé sur l'Espagne; ils sont marchands avant toute chose. C'est par Gibraltar qu'ils couvrent la Péninsule de leurs produits de Manchester, Sheffield et Birmingham. Ils écrasent ainsi fatalement chez les Espagnols toute tentative industrielle qui tendrait à s'organiser. Que de fois ces derniers m'ont raconté que, lorsqu'ils appelèrent l'armée anglaise à leur aide, à l'époque de la guerre de l'indépendance, ils virent leurs étranges alliés mettre le feu aux fabriques espagnoles sous le prétexte qu'elles pourraient servir de retranchements aux Français ! Plus on étudie l'Angleterre chez elle et dans ses colonies, plus on apprécie avec quelle habileté elle sait associer ses intérêts à la philanthropie, dont elle aime à faire parade. Lorsque ses lords envoient aux Indes, en Océanie, à Tombouctou, des chargements de bibles polyglottes, ils doivent dire aux missionnaires chargés de les distribuer : — Allez prêcher l'Évangile aux sauvages ; faites-leur connaître le vrai Dieu et par-dessus tout la pudeur qu'ils ignorent : lorsqu'ils connaîtront cette vertu, il faudra bien qu'ils s'habillent, et nous leur vendrons les cotonnades de nos fabriques.

Quand je revins à bord du bateau avec mes beaux bouquets à la main, il fallut songer à m'en défaire au plus vite ; les garder dans une cabine où j'avais le désagrément de voir plusieurs couchettes occupées par des compagnons de voyage était chose impossible. Je m'approchais du bordage pour les jeter à la mer, lorsque j'avisai une fillette blonde et rose de cinq ans environ, qui les regardait avec des yeux bleus pleins de convoitise. Je lui fis aussitôt signe d'approcher; elle accourut, et je lui donnai mes fleurs. Quelques instants après, un grand Anglais vint à moi et me remercia très-spontanément de la galanterie que j'avais faite à sa petite fille. M. Campbell, — c'est le nom du grand Anglais, — est colonel d'infanterie; il va avec sa jeune femme et son enfant rejoindre son régiment à Calcutta. « Madame Campbell, qui se trouve à bord, me dit-il, a été élevée dans un pensionnat de Boulogne; elle connaît beaucoup vos poëtes, vos romanciers, et ce sera pour elle une occasion de parler une langue qu'elle aime, et qu'elle ne voudrait pas oublier. Je lui avais fait remarquer votre réserve et votre isolement, et nous nous sommes dit qu'on avait dû vous initier à la meilleure manière de nous faire venir à vous, qui est de nous attendre; après notre départ de Gibraltar, je devais en effet vous adresser le premier la parole et vous enlever à votre mutisme. Dans une heure, grâce à mon intervention, vous verrez tous ces visages, qui jusqu'ici ont été froids et mornes, devenir sympathiques à votre égard; préparez-vous, monsieur le Français, à un coup de théâtre. »

Effectivement, lorsque quelques minutes après on servit le dîner, un *steward* ou maître d'hôtel vint remplir mon verre d'un vin de Xérès en me disant, de façon à être entendu par mes voisins, que le colonel me portait un toast. J'élevai le verre à mes lèvres selon l'usage et saluai celui qui m'honorait de cette attention. Une seconde après, le *steward* revenait, avec du vin de Champagne cette fois, me faire la même avance de la part du capitaine. Le coup de théâtre annoncé se faisait : une série de toasts me poursuivit jusqu'au dessert ; le second du *Ripon*, le docteur du bord, les officiers, des cadets de l'armée des Indes, quelques passagers qui m'étaient complétement inconnus jusqu'à ce moment, s'évertuèrent à m'offrir leurs saluts. L'usage voulant qu'il fût répondu à ces toasts comme à un salut d'artillerie, coup pour coup, je n'avais pas eu le temps de manger, lorsqu'on se leva de table ; le maître d'hôtel était sur les dents, et j'eusse été bien mal sur mes jambes, si je n'avais eu la sage précaution de ne toucher mon verre que du bout des lèvres.

La glace était rompue, et je ne vis autour de moi que des physionomies pleines de cordialité. Ce fut le commencement de rapports agréables dont aucun de nous n'a peut-être perdu le souvenir. En ce qui me concerne, j'ai éprouvé une vive douleur en lisant, il y a quelques mois, dans les télégrammes de l'agence Havas, que le colonel Campbell, sa femme, leur jeune fille et leur suite avaient été massacrés en Abyssinie. Ils opéraient leur retour définitif en Angleterre, lorsque, poussés par une curiosité inexplicable, ils résolurent de voir ce pays barbare où, pour la délivrance d'un des leurs, le consul Cameron, les Anglais avaient accompli de véritables prodiges. Surprise sans défense par une troupe de pillards, l'infortunée famille trouva la mort après avoir fait quelques milles seulement dans l'intérieur des terres. En lisant cette affreuse catastrophe, les bouquets de fleurs d'oranger achetés à Gibraltar me revinrent à la mémoire, et je revis, comme dans un douloureux mirage, le visage rose et souriant de l'enfant à qui je les avais présentés.

Si on laisse Gibraltar le matin, il faut rester sur la dunette, afin de ne rien perdre de la sortie du détroit, qui est admirable par un beau temps. Pendant que le *steamer* s'élance à toute vapeur sur le chemin bleu qui se déroule sans limites devant lui, vous avez à votre droite les hauteurs sévères de la chaîne de l'Atlas, et à gauche les belles cimes neigeuses des montagnes de l'Andalousie. On voit de la rade très-bien Algésiras, parfois on a la vue d'Alger et de Tunis, presque toujours aussi on va reconnaître la presqu'île près de laquelle s'éleva Carthage, puis l'île de Pantellaria, entre Marsala et le Cap-Bon. C'est l'île de Calypso, vous disent les marins instruits, et ils vous offrent de vous montrer à l'aide de leur longue-vue la grotte où la déesse, à l'arrivée de Télémaque, se consola bien vite du départ d'Ulysse. Contraste pénible avec ce souvenir poétique : sous le règne du roi Ferdinand de Naples, Pantellaria était devenue un lieu de déportation pour les condamnés politiques des Deux-Siciles.

On arrive à Malte en quatre jours. Cette île, malgré l'occupation anglaise, n'a rien perdu de l'originalité qui lui est propre. On y trouve toujours de fringants abbés, vêtus encore de l'habit à la française et fumant plus de cigarettes en un jour au café qu'ils ne disent de bonnes messes en un an à l'église. A chaque pas, on coudoie des moines à figures réjouies, au teint fleuri, la robe relevée pour mieux courir dans les rues montantes de la ville ; ils jettent à droite et à gauche des œillades incendiaires aux fenêtres à moucharabies derrière lesquelles brillent les beaux yeux noirs des Maltaises. Voici le natif, à figure bronzée, rusée, bonnet rouge en tête et le pantalon relevé aux genoux ; il vous offre des coraux, des coquillages, des fruits et certains passe-temps dont il déclare sans vergogne être l'*impresario* honoré. *Sono r.... ho quest' onor*, me dit l'un d'eux avec un aplomb parfait. A l'affût des passagers qui reviennent de l'Inde, le Maltais court leur offrir des paniers de fruits de toute beauté. Comme ces voyageurs n'ont pas vu depuis longues années les pêches veloutées ou les appétissants raisins d'Europe, ils les payent sans marchander 20 ou 30 francs ; mais à 5 mètres du môle vingt nouveaux porteurs vous les offrent à vil prix. Lorsqu'on revient à bord, le pont est encombré de fruits de toute sorte, car tous les passagers se sont laissé tenter.

A chaque coin de rue, on trouve une lampe allumée, une madone, des femmes agenouillées, dont la taille est gracieusement entourée de la longue mantille en soie noire appelée *onnella*. L'île, qui n'a que 60 milles de circonférence et 170,000 habitants, est exploitée par 300 couvents. Les murailles de quelques-unes de ces forteresses monacales ont 100 pieds de haut. La tentation, qui ne peut escalader cette hauteur, préfère à bon escient les petites portes basses qui donnent sur la campagne. En dehors de Malte et de ses formidables fortifications, vous trouvez un sol calcaire d'une couleur jaunâtre et d'une grande aridité. Si vous ne craignez pas une épouvantable poussière, allez jusqu'à Civita-Vecchia, où vous serez à peine récompensé de votre fatigue par la vue de quelques jardins. La flore de la Sicile et celle de l'Italie s'y trouvent confondues. En somme, il n'y a de rare que quelques bambous malingres, et de beau que les orangers qui donnent l'orange mandarine. Le mieux est de ne pas sortir de Malte, de visiter l'église Saint-Jean, la chapelle de la Madone et le palais des anciens grands-maîtres de l'ordre. Parcourez aussi les catacombes d'origine phénicienne; c'est là, dit-on, que saint Paul fut enfermé lorsqu'il fit naufrage sur les falaises de l'île en se rendant à Rome. Il y a quelques beaux magasins dans la *Stratta nuova;* entrez-y, faites étaler devant vous les coraux, la bijouterie et les dentelles maltaises, mais n'achetez rien. C'est toute l'industrie de l'île, appréciée par les Anglais seulement; les bijoux sont vulgaires; les dentelles, quoique belles, ne valent pas celles de Chantilly, et les coraux, montés dans un goût baroque, sont hors de prix.

En quatre-vingt-seize heures, on va de Malte à Alexandrie. Le troisième jour, on vient reconnaître la côte dénudée de la régence de Tunis. Nous vîmes fort distinctement Derna, une de ses principales villes. Il était midi, le soleil tombait d'aplomb sur la cité endormie : pas un être vivant sur ces blanches fortifications de construction sarrazine, pas une âme sur la plage stérile; seule, sur la mer cuivrée, une barque de pêcheurs avec sa voile latine se balançait sur les flots comme un alcyon endormi.

Lorsqu'on découvre l'Afrique du haut de la dunette d'un navire, elle se présente toujours à la vue avec un aspect aride et désolé. Les grands arbres, l'ombre, la verdure, ne se rencontrent que fort avant dans l'intérieur des terres, au bord des fleuves, dans les rares oasis du désert, et, si l'on a le cap sur l'Égypte, c'est seulement sur les bords du Nil, dans les terres qu'il fertilise, à Afteh, que nous retrouvons la vie. C'est à quatre heures du soir qu'Alexandrie fut en vue; c'était l'heure du dîner, mais personne à bord n'y prit garde : on ne voulait rien perdre du spectacle étrange que l'Égypte présente à l'arrivée. Nous ne vîmes tout d'abord à l'horizon qu'un nuage de pourpre dont la base terne et grisâtre semblait plongée dans un lac de plomb fondu; mais peu à peu quelques coupoles de minarets se détachèrent sur la nuée enflammée, comme des lames d'acier chauffées à blanc; puis à un mille seulement de la rade nous vîmes la flotte égyptienne, les mâts pavoisés d'une multitude de navires marchands, des fortifications nombreuses et bien entretenues, et sur la jetée tout un monde de *fellahs*, dont nous devions être les victimes aussitôt qu'en nous voyant à terre ils nous auraient fait grimper de gré ou de force sur leurs ânes rétifs.

Comme nous n'étions qu'au mois de mai et que chacun se plaignait de la pesanteur de l'atmosphère chargée d'une poussière impalpable et brûlante, le pilote égyptien, venu à bord pour diriger notre bateau au milieu des récifs qui rendent l'entrée de la rade d'Alexandrie très-difficile, nous dit que nous arrivions au moment même où le *khamsin* avait cessé de souffler sur l'Égypte. C'est le vent du désert, qui pendant cinquante jours se déchaîne avec rage et transporte les sables mouvants à des distances incommensurables. Les voyageurs se couvrent alors le visage d'un voile vert afin d'éviter l'ophthalmie, l'une des grandes plaies de l'Égypte. Sur vingt indigènes que vous rencontrerez dans les rues du Caire, cinq seront aveugles, dix borgnes, et les yeux des cinq autres ne vaudront guère mieux.

Port-Saïd ne fera rien perdre à Alexandrie de son importance commerciale ; cette dernière ville restera toujours la tête du chemin de fer reliant le Caire à Suez, et les malles des Indes avec leurs nombreux passagers ne pourront suivre la voie du canal sans s'attarder. En 1865, c'est-à-dire avant l'exploitation du canal, le nombre des voyageurs qui traversaient l'isthme était déjà de 80,000, sans compter 18,000 pèlerins en transit pour la Mecque. Hélas! Alexandrie n'est plus qu'une triste imitation de nos cités européennes. L'archéologue perdrait son temps à y chercher les traces de l'ancienne ville fondée par Alexandre. Plus de vestiges de ses murailles de 50 milles de circonférence, de ses portiques de marbre, du temple de Sérapis, de la célèbre bibliothèque ; rien de ses quatre mille palais. Quoi qu'il en soit, les souvenirs de cette splendeur passée s'imposent à votre esprit, et ne vous abandonnent qu'au sortir de l'Égypte.

Ayant payé à Southampton ou à Marseille votre passage jusqu'en Chine, vous êtes autorisé par les Compagnies des bateaux à vapeur à séjourner ici pendant tout le temps qui vous est nécessaire pour visiter le Caire, Port-Saïd, les Pyramides et le Nil. On se présente à Suez avec le *ticket* que vous avez conservé et vous êtes embarqué sans autre formalité sur le premier navire en partance pour le Céleste-Empire.

La première fois que je vis l'Égypte, ce fut en 1850 : elle avait encore toute son originalité orientale ; je l'ai trouvée en 1862 presque française, aujourd'hui elle l'est entièrement. Le transit de l'isthme, qui se faisait jadis en ca-

ravane jusqu'à Suez, a perdu son pittoresque
mouvement. Autrefois, au lieu de prendre un
train de première classe qui en douze heures
vous porte avec la monotonie et la rapidité des
voies ferrées d'Alexandrie à Suez, on s'embarquait dans la première de ces deux villes sur le
canal qui va rejoindre le Nil à Afteh. Les bateaux-poste, sur lesquels on entassait cinquante voyageurs, n'offraient certainement aucun confortable, mais cela ne durait que huit
heures de nuit, et ceux qui ont vu les ciels étoilés et les beaux clairs de lune d'Égypte n'ont
jamais regretté leur sommeil perdu. D'ailleurs,
les cris étourdissants du pilote chargé de conduire le bateau enlevé au galop de quatre chevaux vigoureux rendaient tout repos impossible.
Malheur au fellah négligent qui, se trouvant sur
le canal avec sa barque chargée de grains ou de
coton, n'apercevait pas de loin les torches à
flammes rougeâtres annonçant l'approche foudroyante des passagers du *Royal-India-Mail;* s'il
ne se garait pas à temps, il disparaissait dans
les eaux avec son chargement. Deux cent cinquante mille fellahs furent employés à creuser
le canal de Mamoudieh; vingt mille, dit-on,
périrent de misère et sous les coups du courbache; les talus qui forment les rives sont bourrés
des ossements de ces infortunés, et le moindre

éboulement les découvre aux yeux attristés.

Quel vice-roi régénérera l'Égypte et fera un peuple des Égyptiens ? aucun sans doute. J'ai foi cependant en l'étoile de M. de Lesseps, et l'ouverture du canal de Suez aura une portée philosophique autrement grande que celle de la jonction des deux mers. L'Égypte, en perpétuel contact avec les Européens, devra forcément entrer dans un courant libéral. Sans Aboukir et l'assassinat de Kléber, les légions républicaines l'eussent sans doute régénérée ; mais l'œuvre pacifique de M. de Lesseps amènera plus sûrement ce résultat. Si le khédive veut avoir pour lui l'Europe dans sa sourde révolte contre la Turquie, il faut qu'il se la rende sympathique en relevant de l'abjection le peuple qu'il gouverne.

A Afteh, petite ville pittoresque qui s'élève au bord du Nil, on s'embarquait de nouveau sur un bateau à vapeur aussi peu confortable que les bateaux-poste français du canal du Midi ; mais, en compensation, on avait l'aspect du grand fleuve et de ses rives. A chaque tour de roue, on retrouvait ces sites dont nos peintres ont si heureusement reproduit la poésie biblique et orientale. Rien de plus charmant que ces villages d'Égypte bâtis avec le limon du Nil ; on les voit toujours égayés par quelques groupes de femmes puisant l'eau des fontaines, ou d'enfants complétement nus jouant à l'ombre des dattiers aux branches flexibles. Les ibis, les pélicans, les vautours au col décharné, abondent sur les rives. Les crocodiles du Nil, effrayés par le bruit des machines à vapeur, ont déserté depuis longtemps ces parages; il faut remonter bien loin dans la Haute-Égypte pour les retrouver. Quant aux hippopotames, ils ne descendent plus au-dessous des cataractes.

Les Égyptiens ont été longtemps intraitables sur la promiscuité des sexes à bord de leurs bateaux, ils sont devenus depuis moins sévères; mais, quand le trajet d'Alexandrie au Caire se faisait encore par eau, ceux qui voyageaient sans mère, femme ou sœurs, étaient relégués à l'avant du bâtiment. Comme naturellement les célibataires étaient en majorité, on étouffait à la proue pendant qu'on se prélassait à la poupe. Je dus à l'obligeance d'un pasteur protestant, père de sept demoiselles à marier, la faveur d'être admis parmi les passagers privilégiés. Je crois que le colonel Campbell lui avait persuadé que je briguais l'honneur d'être un des sept gendres qu'il ambitionnait. Tous les bateaux emportent ainsi, à chaque voyage à destination des Indes anglaises, de véritables cargaisons de blondes *misses*. Elles trouvent aisément à Bombay ou à Calcutta des époux excellents parmi les officiers de l'armée des Indes. Tout est pour le mieux dans ces mariages d'exportation, car ceux des militaires anglais qui se laissent entraîner dans des liaisons faciles avec les brunes et passionnées beautés du Bengale, perdent leur avenir, s'ils ne ruinent aussi leur santé et leur raison.

Il est bien plus pittoresque d'arriver au Caire par Boulak, où on laisse le Nil, que par la voie ferrée. On y trouve d'élégantes voitures qui vous conduisent à fond de train jusqu'à la ville. La route, large, bien entretenue, est toute bordée de sycomores gigantesques ; elle aboutit au jardin où fut assassiné Kléber. C'est là que les voyageurs aiment à se promener ; quant à moi, j'y venais souvent. J'aimais à y voir quelques beaux vieillards à barbe blanche, accroupis sur de vieux tapis turcs et fumant, impassibles, leurs longues pipes à tuyaux de noisetier ; je m'asseyais à leur côté pour savourer un café noir, épais, exhalant un arome parfumé. Me suis-je trompé ? il m'a semblé que, lorsque j'examinais trop attentivement quelques groupes, un regard de haine répondait à mon regard curieux. Je n'en fus pas surpris : le fanatisme religieux et l'horreur de l'étranger sont les seuls sentiments capables d'animer d'une grande énergie l'âme de ces hommes énervés. En 1860, à l'époque des horribles massacres de Syrie, au moment où j'entrai dans la grande mosquée d'Amrou, ayant laissé sur le seuil, comme l'usage l'exige, mes chaussures européennes pour les remplacer par des espadrilles turques, mon drogman me saisit tout à coup par le bras et me pria instamment de ne pas aller plus avant dans l'intérieur. Je lui en demandai la raison, et alors il me montra au milieu de la mosquée un mufti entouré d'une centaine de croyants à l'aspect farouche, auxquels, m'assura-t-il, on prêchait la guerre sainte. Je ne sais par qui la nouvelle de cette prédication furieuse parvint aux oreilles du vice-roi, mais j'appris le lendemain par le consul de France au Caire, — lequel se refusait à signer mon passeport pour Jérusalem à cause de ce qui se passait en Syrie, — que le mufti et ses auditeurs avaient été jetés en prison.

Masr-el-Qaherah, ou le Caire en français, avait déjà perdu à cette époque, moins qu'Alexandrie pourtant, son caractère oriental. En 1850, lorsque je l'avais visité pour la première fois, j'avais retrouvé dans ses rues étroites et merveilleusement pittoresques, dans ses sombres bazars où ne pénétrait qu'un jour mystérieux, les riches selleries arabes, les armes bien trempées et les splendides étoffes lamées de Damas, puis tous les personnages des *Mille et une Nuits*. Coptes, Arméniens, Arabes, derviches, juifs sordides, eunuques bronzés, porteurs d'eau déguenillés, âniers braillards et importuns, formaient un ensemble bigarré des plus étranges. Aujourd'hui le paletot européen fait tache partout, la petite tunique telle que la porte le troupier français remplace le brillant uniforme des mameloucks.

C'est un musulman du nom de Mahmoud qui est au Caire le drogman ou plutôt le cicérone des voyageurs français. S'il n'est pas en excursion en Palestine ou aux cataractes du Nil, tâchez de l'avoir pour guide; il est dévoué, honnête. Ne craignez nullement de voyager la nuit seul avec Mahmoud, si vous avez l'heureuse inspiration de quitter les mauvais lits de l'hôtel à une heure du matin pour aller voir lever le jour du haut de la pyramide de Gizeh. C'est à lui que je dois d'avoir assisté à un spectacle non moins magnifique. Je n'oublierai jamais mon subit éblouissement lorsque, m'ayant guidé à cinq heures du soir au sommet de la citadelle bâtie par Saladin, il me montra éclairés par les chauds rayons du soleil couchant la ville et ses mosquées innombrables, Boulak, le Nil, les Pyramides et le désert immense. Visitez avec Mahmoud le tombeau des califes, faites-lui raconter ses voyages dans la Haute-Égypte, au Sinaï, à l'Horeb, au Thabor ; son répertoire de légendes est inépuisable. Un jour, comme il m'assurait que, tout Européen que j'étais, mon teint paraissait plus bistré que le sien, il ajouta, pour me consoler, probablement, qu'Adam et Ève étaient noirs.

— Quant à ceux qui sont blancs, ils descendent de Caïn ; ils ont gardé la pâleur mortelle qui couvrit le visage du fratricide lorsque Dieu en courroux lui demanda ce qu'il avait fait de son frère Abel.

Il y a aussi une notion sur la création des hommes qui court les rues du Caire, mais qu'ignorent peut-être beaucoup de naturalistes français.

Un jour Allah eut très-chaud, et de la sueur de son noble front naquirent les anges ; il sua de nouveau, et des perles liquides de sa poitrine il forma les musulmans ; il eut très-chaud une troisième fois, et, suant bien plus ce jour-là que jamais, il donna naissance aux chrétiens.

On met six heures en chemin de fer pour aller du Caire à Suez. On reste surpris de trouver dans ce parcours du désert, au milieu de sables légers et impalpables, des stations et des buffets

comme en Europe ; mais je préférerai toujours
le voyage tel qu'on le faisait avant l'établissement de la voie ferrée. On montait alors dans
des voitures attelées de quatre chevaux qu'un
postillon nubien menait sans relâche au galop
jusqu'à Suez. Lorsque je quittai ainsi le Caire,
la nuit descendait sur le désert que nous allions
traverser ; un officier égyptien, en brillant uniforme, le sabre recourbé au côté, monté sur un
magnifique cheval arabe, guidait et commandait
la caravane, composée de quarante voitures.
Quarante fois nous relayâmes ; trois fois on s'arrêta dans de splendides caravansérails où étaient
dressées à notre intention des tables somptueuses chargées de fruits, de viandes froides, de
sorbets et de vins de toutes sortes. A deux heures du matin, lorsque nous eûmes atteint la seconde halte, au lieu de souper ou de m'étendre
sur les larges divans dont les tables étaient entourées, je tournai le dos à la station ; m'enfonçant rapidement dans le désert, je m'isolai du
bruit, désireux d'être seul dans cette immensité
silencieuse, par une nuit sans lune, sous un ciel
merveilleusement étoilé, et dans lequel pour la
première fois je découvris la *croix du sud*, une
des plus brillantes constellations de l'autre hémisphère. Je ne m'arrêtai que devant le squelette d'un chameau ; la route que nous suivions

était couverte d'ossements blanchis, et c'est par ces tristes ossuaires que le chamelier reconnaît s'il ne s'éloigne pas de son chemin. Au milieu du silence profond qui vous entoure, lorsqu'on se trouve ainsi la nuit dans une solitude absolue, l'imagination s'exalte, un recueillement étrange vous envahit. Les gracieuses légendes de la Bible me revinrent à la mémoire, depuis la nuée lumineuse guidant les Israélites au désert jusqu'à l'étoile conductrice de Bethléem. Si le Dieu primitif tel que l'ont conçu les hommes du passé a encore un temple, c'est ici qu'il se trouve : on l'y sent comme vivant, il y est pour ainsi dire palpable, il est dans l'air pur et léger qui vous spiritualise en quelque sorte dans le calme absolu de l'immensité, qui vous efface et fait de vous un atome ; il semble descendre de la voûte céleste comme porté vers la terre sur les rayons des étoiles. On ne s'étonne plus alors que ce soit ici que les patriarches, les prophètes, les cénobites, Jean au désert de Judée, Mahomet dans les solitudes d'Arabie, le Christ dans sa nuit d'angoisse sur la montagne des Oliviers, aient cru l'entendre, lui parler, le voir, que Moïse ait pu affirmer à son peuple avoir reçu de l'Éternel les tables de la loi sur la cime fulgurante du Sinaï.

Tout à coup un bruit lointain semblable à celui du tonnerre arriva jusqu'à moi. Je tressaillis : allais-je être témoin de quelque prodige ? Non, c'était le roulement des quarante voitures de notre caravane qui reprenaient leur course effrénée vers Suez. J'arrivai encore à temps ; je pris place sur le siége de ma voiture à côté du cocher, car je voulais voir le lever du jour; il s'annonçait à l'est par une légère teinte irisée. Une brume épaisse, immobile jusqu'alors, mais subissant déjà l'action du soleil, roulait confusément devant nous; elle léchait la terre pour disparaître lentement sur de lointains monticules de sables mouvants. L'astre parut enfin, et je vis alors ce beau spectacle, si bien décrit par M. Fromentin dans son livre sur le Sahara, « d'un ciel sans nuage et d'une terre sans ombre. » A neuf heures, des mirages dans lesquels je croyais reconnaître les campagnes du Comtat-Venaissin papillonnèrent sans relâche devant mes yeux éblouis et brûlés par une trop vive lumière; à dix heures, nous étions à Suez, cherchant l'ombre dans la seule hôtellerie qui s'y trouvât. Un verre d'eau que j'y bus me coûta, il m'en souvient, un franc, et je ne songeai nullement à me récrier.

On peut se figurer l'existence pénible des Européens qui habitaient cette misérable bourgade, alors sans eau douce, sans culture, placée sous un ciel embrasé, bordée d'un côté par la Mer Rouge, véritable miroir d'Archimède, et de l'autre par le désert. La population indigène était à cette époque misérable et d'un fanatisme sauvage. A la tombée de la nuit, on enfermait les voyageurs dans l'intérieur de l'hôtel de peur qu'ils ne fussent assassinés. Aujourd'hui la sécurité est parfaite, l'eau du Nil coule en abondance, des hôtelleries s'élèvent en hâte ; dans un demi-siècle, Suez et Port-Saïd seront, comme étaient dans l'antiquité Séleucie et Corinthe, aussi commerçantes et aussi débauchées.

II

Addington et *Némésis*. — Mer Rouge. — La *Bamboula* des Nubiens — Les plateaux d'Abyssinie. — Aden. — La bastonnade. — La fête de la reine d'Angleterre dans l'Arabie Heureuse. — Les officiers anglais chantent la *Marseillaise*. — Le *Smile*.

Le seul grand obstacle de la navigation dans la Mer Rouge, c'est la chaleur qui s'y fait sentir pendant les mois de juin, juillet et août : elle est très-tolérable pendant les autres mois de l'année. Sur l'*Addington*, — nom du bateau à vapeur de trois mille tonnes et de six cents chevaux de force sur lequel je me trouvais à une époque tempérée, — chaque soir les maîtres d'hôtel du bord, transformés en musiciens, jouaient des quadrilles et des polkas, et, dès que la mer le permettait, les passagers dansaient. Dix ans plus tard, sur la *Némésis*, je parcourus cette même mer depuis le détroit de Bab-el-Mandeb jusqu'à

Suez; c'était pendant le mois d'août, et jamais je n'eus à supporter une température plus accablante. Cette fois pas un voyageur ne pensait à la danse ; le seul souci était de garder l'immobilité la plus absolue : aller du pont à table était un supplice. En vue de la Mecque, un énorme major anglais qui rentrait en Angleterre après vingt ans passés aux Indes, tomba sur le pont, foudroyé par une congestion cérébrale ; un officier d'artillerie de l'armée du Bengale, presque enfant, atteint du *delirium tremens* à la suite de libations trop copieuses, expira sur le sable de la plage embrasée de Suez, au moment où, par ordre du capitaine, il avait été enlevé agonisant de sa cabine. Le docteur du bord, jeune aussi, n'avait trouvé d'autres remèdes à lui administrer que quelques verres de vin de Champagne glacé. On peut avoir une idée de l'atmosphère au milieu de laquelle il fallait vivre, lorsqu'on saura que sous une double tente, à midi, le thermomètre marqua quarante et un degrés centigrades. Des seaux d'eau à la glace étaient mis à notre disposition pour y tremper des mouchoirs dont sans cesse il nous fallait humecter nos fronts. Les chauffeurs et les mécaniciens attachés au service des machines de ces immenses bateaux à vapeur sont Européens, et c'est à peine s'ils résistent trois ans à leur terrible labeur. La soute aux charbons est tenue par des Nubiens, hommes d'une force peu commune, aux formes athlétiques; malgré la sueur qui ruisselle sur leurs épaules énormes, en dépit de la poussière de charbon qui les couvre d'une couche épaisse, les aveugle et grille parfois leurs cheveux crépus, on les voit sans cesse accomplissant leur tâche avec une agilité surprenante, le sourire aux lèvres, et se plaisant beaucoup à montrer leurs grandes dents blanches aux enfants des passagers qu'effraye leur aspect fantastique. En tous les temps, ceux de ces Nubiens qui ne sont pas de service se réunissent le soir à l'avant du bâtiment, et, sur le rythme cadencé d'une chanson de leur pays, ils dansent et se tiennent par la main, frappant leurs poitrines les unes contre les autres, jusqu'à ce que, haletants, inondés de sueur, ils tombent épuisés sur le pont.

Ce qui explique tout naturellement la haute température qui se fait sentir dans la Mer Rouge, c'est que cette mer est encaissée comme un lac entre les montagnes de l'Arabie et de l'Abyssinie. Lorsque, dans peu de temps, elle sera traversée par les équipages de toutes les nations, il est à craindre que la mortalité par insolation ne soit considérable. Le matelot ne brille pas ordinairement par excès de prudence; toujours en mer, il a beaucoup de la joyeuse insouciance des enfants, et, imprudent comme eux, il aime à braver le danger. Quant aux Européens allant aux Indes, les périls de cette traversée seront plus grands pour eux que pour ceux qui retournent en Europe. Les premiers, forts de leur vigueur des climats tempérés, s'exposent sans précaution à ce soleil d'Asie dont quelquefois un rayon frappe de mort comme la foudre; quant aux autres, ayant perdu toute énergie, atteints presque tous de maladies de foie et de dyssenteries chroniques, ils se bornent à trouver, — comme j'eus le triste privilége de le trouver moi-même dans cette mortelle traversée du mois d'août, — qu'il fait un peu plus chaud que d'habitude.

De Suez à Aden, huit jours. En quittant la première de ces deux stations, si le temps est beau on apercevra à gauche, sur le rivage d'Arabie, quelques palmiers solitaires : ils couvrent de leur ombre bienfaisante les fontaines appelées les *puits de Moïse*. Quand l'air est transparent, on voit dans la même direction, mais bien loin à l'horizon, un petit nuage blanc, immobile : c'est le mont Horeb. Le Sinaï, quoique peu éloigné, mais plus avant dans le désert, ne s'aperçoit pas. En se rapprochant un peu plus du détroit de Bab-el-Mandeb, on découvre à droite les hauts plateaux d'Abyssinie, qui se détachent sur le ciel en masses sombres d'une grande majesté. La mer est généralement très-calme sous ces chaudes latitudes; mais, dès qu'elle devient un peu houleuse, une foule de poissons volants suivent en se jouant la marche du bateau. On fait peu de rencontres; cependant à l'époque des pèlerinages de la Mecque on croise souvent de lourds bâtiments arabes encombrés de pèlerins. Comment tant d'hommes peuvent-ils vivre dans un si petit espace? Il n'y a que les Chinois capables d'imiter de tels entassements. Si nous rencontrions, au soleil couchant, un de ces navires, nous distinguions les passagers, debout sur les bordages, élevant simultanément les bras vers le ciel et se prosternant à plusieurs reprises dans la direction de la ville sainte des croyants.

En somme, cette partie du voyage est des plus pénibles : on suffoque, et la nourriture est exécrable. On comprend qu'il soit difficile d'avoir des approvisionnements frais dans la mer Rouge; mais, lorsqu'on voyage en payant en moyenne cent francs par jour, on a le droit d'exiger une certaine variété dans les mets. Les vins en revanche sont à discrétion. Comme on abusait beaucoup de l'Aï mousseux, il a été décidé qu'on en donnerait aux passagers qui en demanderaient, mais en le leur faisant payer. La journée se passe d'ailleurs presque entièrement à table. Dès six heures du matin, on vous sert le thé sur la dunette ; c'est certainement le moment le plus agréable du jour, car l'eau de mer ruisselle largement sur le pont, l'air est frais, et pour les hommes, la tenue la plus légère est autorisée ; les femmes ne peuvent sortir de leurs cabines qu'à huit heures du matin, c'est-à-dire lorsque la toilette extérieure du bateau est terminée. A neuf heures, on déjeune ; à midi, on sert le *luncheon*, sorte de goûter qui se compose de fruits, de gâteaux et de confitures. A quatre heures, grand dîner, suivi d'un café qui se prolonge jusqu'à six ; à sept, le thé ; enfin, de neuf à dix heures, c'est-à-dire jusqu'au moment où l'on éteint les lumières, les tables restent couvertes de biscuits, de vin de Xérès, de whiskey, de cognac, de rhum, de gin, d'oranges et de citrons verts très-parfumés. Cette dernière station devant les flacons est naturellement fatale aux Anglais, car j'ai toujours vu beaucoup d'entre eux regagner leurs couchettes en décrivant des paraboles insensées. Le lendemain, il était amusant d'étudier le visage de ceux qui s'étaient oubliés la veille. Il sortaient de leurs cabines rasés de frais, cravatés de blanc, guindés et sérieux ; si on faisait allusion à leur trop grande jovialité de la veille, ils s'indignaient. A midi, au *lunch*,

presque aussitôt après le premier verre de *pale
ale*, la mémoire et la bonne humeur semblaient
leur revenir ; le soir, au dîner de quatre heures,
ils étaient de nouveau si enjoués que les *ladies*
attendaient avec impatience le moment du dessert pour quitter la table. Entre l'Anglais qui
déjeune au thé le matin et dîne au xérès le soir,
il y a un abîme. Hâtons-nous de remarquer qu'à
bord des bâtiments français de la compagnie
des *Messageries françaises*, la table des passagers
de première classe n'offre que peu d'exemples
d'intempérance. Les Espagnols, les Belges, les
Hollandais, les Suisses, préfèrent nos paquebots
à ceux de la Compagnie orientale, et même
beaucoup d'Anglais leur accordent la préférence.

Aden est situé dans l'Arabie-Heureuse, sur le
golfe qui porte son nom. En voyant l'aridité indescriptible de la plage sur laquelle s'élève ce
nouveau Gibraltar, on se demande s'il est possible que l'Arabie-Pétrée puisse présenter un aspect plus désolé. Les Arabes qui viennent avec
empressement vous offrir les ânes et les chevaux
et les voitures destinés à vous transporter à la
ville, distante environ de quatre milles du point
de débarquement, présentent le type le plus pur
des deux Arabies. Rien n'est étrange comme de
les découvrir sous un ciel de feu, montés sur la

bosse unique de leurs dromadaires, au sommet d'une falaise dénudée, presque nus, les cheveux jaunis et brûlés par la chaux dont ils les couvrent, transportant à Aden dans des outres en peau de chèvre une eau précieuse pour eux, mais impotable pour des Européens.

M. Campbell m'ayant offert de descendre avec lui à terre, j'avais accepté avec empressement. A peine débarqués, nous trouvons sur la plage un bazar tenu par des parsis ; ils nous montrent de belles peaux de panthères, des plumes d'autruche et des gazelles gracieuses admirablement apprivoisées. Des enfants à la figure espiègle et souriante, noirs comme l'ébène, les cheveux dorés également par la chaux, demandent à s'attacher à vous pendant la durée de la relâche, sans autre objet que d'agiter devant votre visage un éventail en feuilles de palmier : cela coûte une roupie par jour, et c'est un rafraîchissement fort goûté. Un Juif vêtu d'une longue robe en laine blanche, et qui nous dit être natif de Jérusalem, nous offre des chevaux ; nous acceptons ses offres pour le dédommager des coups et des injures dont les Arabes le couvrent, car eux aussi ont des chevaux de selle à louer. Après une demi-heure d'une course rapide, nous entrons au galop dans Aden par une porte creusée dans le roc ; à droite, à gauche, à nos pieds, sur nos têtes, des redoutes, des embrasures, des canons, des cipayes et des soldats rouges en sentinelle. Nous nous arrêtons au centre de la ville, au milieu d'une place carrée, entourée de bazars et d'arcades. Un troupeau d'autruches, loin d'être effrayé par notre arrivée bruyante, se précipite vers nous, nous entoure, et à notre grande surprise fait mine de nous becqueter comme font les oies domestiques dans nos villages d'Europe. Heureusement l'Israélite nous a suivis cramponné comme un singe à la queue d'un de nos chevaux, et c'est lui qui éloigne en les menaçant du bâton nos adversaires emplumés.

Nous entrons dans les bazars, où nous trouvons des nattes, du tabac d'Orient, des cigares de Manille, des peaux de tigre, du café rond à tout petits grains, c'est-à-dire tout ce qu'il y a de mieux en café de Moka. Dans un magasin d'apparence assez propre, nous entrons pour faire l'emplette de quelques paquets de cigares à bouts coupés, les seuls que l'on puisse se procurer ici. Quand nous sortons, un cipaye en uniforme de *policeman* vient à nous et s'informe poliment du coût de *sheroots* que nous tenons encore à la main.

— Huit roupies, lui dit M. Campbell.

— Vous êtes volés, reprend flegmatiquement le noir Hindou, et il entre dans la boutique du marchand, le saisit par ses vêtements, l'entraîne au dehors, et, le jetant avec violence sur le trottoir, il lui administre une violente volée de coups de canne. Nous étions si surpris que notre intervention en faveur du pauvre Arabe se fit attendre ; il se releva avec peine, rentra dans sa boutique sans oser proférer une plainte ou une parole de protestation, mais pâle et tremblant de tous ses membres, se bornant à nous jeter, à la dérobée, des regards haineux : c'était encore un Juif. Je venais de voir, depuis mon départ de France, appliquer le premier acte de justice sommaire, il m'affligea comme il eût affligé tout nouveau débarqué ; il faut cependant s'habituer au spectacle de ces brutalités, car elles se renouvellent à tout moment, surtout dans les colonies de la Grande-Bretagne. A Ceylan, à Hong-kong, à Aden, lorsqu'elles s'exercent sur des malheureux à peine vêtus, elles ont un caractère des plus révoltants, et l'on comprend bien vite les sanglantes représailles des Hindous à Lucknow, et les rébellions furieuses des noirs, barbarement comprimées à la Jamaïque par sir John Eyre.

Lorsqu'en 622 Mahomet s'enfuit de la Mecque, il vint se réfugier à Aden : aussi le fanatisme musulman est-il ici dans toute sa force ; mais la haine contre les Anglais est peut-être encore plus violente. Sur la place où les autruches nous firent un si singulier accueil, il y a quatre pièces d'artillerie dont les servants n'attendent qu'un signal pour mitrailler une population toujours prête à se soulever. De 1845 à 1855, à cent pas d'Aden, tout voyageur qui se risquait la nuit sans escorte était infailliblement assassiné. Le commandant de l'*Eurisis*, aujourd'hui l'amiral Guérin, fut attaqué à onze heures du soir, la veille de notre arrivée. Blessé d'un coup de poignard à la jambe, il ne dut son salut qu'à la vitesse de son cheval.

Qu'importe aux Anglais de vivre au milieu de cette population exaspérée de leur domination? Que leur fait ce rocher malsain, foyer de maladies mortelles et de folies furieuses pour les jeunes officiers de l'armée des Indes? Il leur faut Aden, qui les rend maîtres de la Mer-Rouge comme ils croient l'être de la Méditerranée par Gibraltar. Sur les deux régiments qui tiennent ici garnison, il n'y en a qu'une moitié qui soit valide; l'autre est alitée, frappée par les fièvres qu'engendrent les chaleurs et la mauvaise qualité de l'eau. On a fait, il est vrai, de vastes citernes: ce sont d'admirables travaux qui font le plus grand honneur aux ingénieurs anglais, elles sont dignes d'être visitées; mais ce qu'on y conserve de liquide saumâtre est repoussant, et je ne conseille à aucun voyageur de s'y désaltérer sans une nécessité absolue.

Grâce à mon compagnon, je fus invité au *mess* des officiers d'un des régiments d'infanterie en garnison. Presque tous ces messieurs parlaient français, et, par une attention que peu de nos officiers français pourraient se permettre avec des Anglais, on ne parla guère que notre langue autour de nous. C'était l'anniversaire de la naissance de la reine d'Angleterre : de ma vie, je n'ai vu vider tant de verres et entendu porter un plus grand nombre de toasts. On but à la marine française, et, comme j'étais le seul Français présent, je dus boire et faire un *speech* à la marine anglaise ; on porta aussitôt un toast à l'armée française, et je dus immédiatement répondre par un toast à l'armée anglaise. Enfin le colonel Campbell but à la gracieuse reine Victoria, en ajoutant qu'il comptait bien que l'étranger qu'il avait présenté se joindrait à lui ; je répondis que je buvais de grand cœur à la féconde mère de famille qui, avant son veuvage, avait donné tous les ans un nouveau citoyen à la vieille Angleterre. Un *heap hurra* frénétique et trois fois répété accueillit ma réponse. A minuit, on se leva de table ; les têtes étant trop excitées pour songer au repos, nos amis en masse décidèrent qu'ils nous accompagneraient jusqu'au lieu d'embarquement. Par bonheur, la nuit était belle : la lune étincelait, la brise qui venait de la mer rafraîchissait les fronts brûlants, et on arriva sans incident fâcheux en vue de l'*Addington*; mais là, au lieu de nous quitter, nos compagnons, heureux de saisir toutes les occasions qui rompent la monotonie de leur garnison, s'écrièrent qu'ils voulaient nous conduire jusque dans nos cabines. Notre arrivée à bord mit tout le monde en émoi. Le bateau, plongé depuis longtemps dans le sommeil et les ténèbres, s'éveilla et s'éclaira de nouveau ; la dunette resta tumultueuse jusqu'au petit jour, c'est-à-dire jusqu'au moment même où le *steamer* s'ébranla pour mettre le cap sur l'île de Ceylan. Je ne vis pas partir sans quelques regrets ces joyeux amis d'une nuit, et je leur envoyai un adieu d'autant plus cordial qu'ils entonnèrent *la Marseillaise* en nous quittant ; il me semblait que leurs voix, accompagnées par la grande voix de la mer, m'apportaient comme un écho de la patrie absente. Pourquoi donc notre chant national, — qu'ils chantent d'ailleurs bien mal, — est-il tellement aimé des Anglais ? Je l'ignore ; mais toujours hors de France, lorsqu'il y aura un Français au milieu d'un groupe d'Anglais, vous entendrez chanter le grand hymne révolutionnaire.

J'avais demandé aux officiers qui se trouvaient à côté de moi à table à quoi ils pouvaient employer leur temps pendant la durée de leur séjour à Aden.

— Nous dormons le jour et nous veillons la nuit, me répondirent-ils. — Quelques instants avant le lever du soleil, nous montons à cheval ; après une promenade au bord de la mer, nous rentrons, nous nous rafraîchissons par un bain *en pluie* et une douzaine de tasses de thé, puis nous nous étendons sur des nattes jusqu'à six heures du soir, à moins, bien entendu, que nous ne soyons de service. Au coucher du soleil, nous nous réunissons au *mess*, et la nuit se passe en causeries. L'arrivée de la malle anglaise, qui a lieu quatre fois par mois, est notre principale distraction ; nous trouvons toujours parmi les passagers quelques figures de connaissance. Cette vie monotone dure deux mortelles années, après lesquelles nous retournons en Angleterre ou au Bengale, notre garnison préférée. Hélas ! beaucoup de ceux que vous voyez ici ne reverront jamais ni les blanches falaises de la Grande-Bretagne, ni les belles montagnes azurées de l'Hindoustan ; beaucoup seront frappés d'insolation, atteints de fièvres ou tués par le *smile*.

— *Smile*? dis-je, étonné, à l'officier qui me donnait ces détails ; cela veut dire sourire ? On ne peut mourir de gaieté sur cet affreux rocher.

— *Smile* veut dire aussi *grog*, reprit-il tristement. N'avez-vous pas remarqué que, lorsque nous buvons à la santé des uns et des autres, nous nous saluons en souriant? Eh bien! pour éviter l'ennui qui nous dévore, nous sourions trop souvent, c'est-à-dire que nous buvons sans relâche, et ces libations incessantes nous tuent plus sûrement que le soleil d'Asie et les balles arabes.

III

L'Océan Indien. — Le groupe des Maldives. — Urgente nécessité d'un établissement européen. — Les Parsis ou Guèbres. — Ceylan. — Le grand pic d'Adam. — L'arec. — Les éléphants enrégimentés. — Bonze et tailleur. — Malacca. — Haine générale des colonies contre les métropoles

Nous voici dans l'océan Indien, ayant laissé à Aden les voyageurs qui vont à Bombay et à Zanzibar. La compagnie vous autorise, sans surcroît de dépense, à aller visiter la première de ces deux villes. Après un séjour qui peut durer une semaine, on y prend le bateau qui va de Bombay à Ceylan pour rejoindre dans ce dernier port les *steamers* en route vers la Chine. C'est un voyage intéressant pour qui ne connaît pas l'Inde anglaise, mais on perd un des plus beaux spectacles que l'on puisse voir en mer, c'est-à-dire le groupe des Maldives. Lorsque nous les découvrîmes, notre capitaine, qui doit être artiste, s'aventura jusqu'à toucher presque quelques-uns de ces délicieux îlots, *attolls* innombrables formés de madrépores et de coraux, du milieu desquels s'élance une végétation tropicale des plus vigoureuses. Quel contraste avec l'épouvantable aridité d'Aden, et combien les yeux se reposent avec délices sur ces oasis de la mer! Sur toutes ces îles il y a des habitants, dix seulement dans quelques-unes; ils vivent de poisson, de noix de coco et de riz. Leurs mœurs sont farouches, inhospitalières, et malheur aux marins que la tempête fait naufrager dans ces parages! Il faut cependant, en raison des circonstances toutes nouvelles créées par l'ouverture du canal de Suez, que la civilisation pénètre chez les peuplades musulmanes de cet archipel. Si un des nombreux bâtiments qui vont parcourir désormais l'océan Indien a besoin d'y relâcher, il est indispensable qu'il y trouve aide et protection. La présence aux Maldives d'une force européenne intéresse tous les gouvernements, et il conviendrait à la France de prendre l'initiative de cette mesure.

Au port d'Aden, nous avons embarqué quelques parsis vêtus avec richesse et accompagnés de nombreux domestiques, disciples aussi de Zoroastre. Cette caste intéressante, qui a toute l'activité et l'intelligence commerciale des Juifs, a monopolisé le trafic de l'opium dans l'Inde. Comme ce sont les Anglais qui leur ont ouvert le grand marché de la Chine et les ont retirés de la misère et de l'abjection où ils croupissaient depuis un temps immémorial, ils ne reconnaissent naturellement pour grande qu'une seule nation, l'Angleterre. Ils ne se sont jamais mêlés aux Hindous, qui les traitaient, il y a peu d'années encore, comme nous traitions les Israélites au moyen âge ; il n'y a donc qu'à observer un instant la beauté de leurs grands yeux noirs, la régularité de leur nez aquilin, la couleur blanche et mate de leur teint, pour reconnaître en eux le type le plus pur de la famille persique. Le fondateur de leur secte, — selon toute probabilité il précéda Jésus de sept siècles, — fit des parsis ou guèbres les gardiens fidèles d'une doctrine plus consolante que la religion catholique. Comme celles de Bouddha et de Brahma, elle n'admet pas les peines éternelles. A la fin du monde, après trois jours de pénitence que les méchants subiront en présence des justes, tous les hommes se réuniront dans un lieu de lumière, paradis éclatant, appelé Gorotma ; là, les bons et les mauvais, les élus et les réprouvés, purifiés de leurs anciennes souillures, n'auront plus qu'à réunir leurs voix dans un chœur formidable qui dira la louange d'Ormuzd. Je remarquai que les parsis, en raison de leurs coutumes fort différentes des nôtres, ne mangeaient pas à bord à la table commune. J'acceptai sans trop réfléchir l'invitation à dîner qui me fut faite un jour par l'un d'eux, riche négociant de Bombay. Je dus me contenter de viandes froides, de riz au lieu de pain, d'un curry succulent, et, pour manger le tout, me servir de mes cinq doigts, faute de fourchette. Une aiguière et une cuvette en argent, des serviettes d'une blancheur irréprochable qu'un domestique vous donne à chaque changement de plat, rendent tout à fait tolérable, pour une fois, cette manière primitive de porter les mets à la bouche. Au dessert, je leur offris des cigares, qu'ils refusèrent; l'air, l'eau et le feu sont vénérés par eux, et, à leurs yeux, c'est mal user de la flamme, élément divin, que de l'employer à allumer une feuille de tabac roulé. L'un d'eux m'offrit en échange des pastilles parfumées. En somme, quoique ces parsis fussent tout à fait ignorants des choses d'Europe, je reconnus en les quittant que j'avais eu affaire à des hommes bien élevés, d'une intelligence très-supérieure à celle de l'Hindou. La reine Victoria, qui a anobli plusieurs parsis, n'a rien dû ajouter par cette distinction à la noblesse naturelle de leur caractère.

Il faut dix jours pour se rendre d'Aden à Point-de-Galle, port de relâche situé à l'extrémité sud de l'île de Ceylan ; c'est après le voyage dans le Pacifique, de Yokohama à San-Francisco, le parcours le plus long que l'on ait à faire sans toucher terre. Du reste, après un mois de navigation, on a si bien pris les habitudes du bord, les journées s'écoulent avec une telle rapidité, que, à moins d'être sujet au mal de mer, personne ne songe à voir hâter le moment où l'on annoncera une halte nouvelle. Cependant, lorsque le capitaine de l'*Addington* nous fit dire qu'on découvrait les hauteurs de l'île, je vis bien que tout le monde était impatient de descendre sur cette terre magnifique.

C'est ici, nous disent les Hindous, que fut le berceau du genre humain ; il était difficile de le choisir plus riche et plus poétique. Les sables des fleuves de Ceylan roulent en abondance, enveloppés dans leurs gangues grossières, le rubis, la topaze, l'améthyste et des saphirs admirables ; on pêche sur ses côtes les plus riches nacres et les plus belles perles du monde ; la flore, secondée par une température à la fois humide et brûlante, atteint un développement prodigieux. Salomon aurait, toujours d'après la légende, envoyé prendre à Ceylan les bois précieux et odorants nécessaires à la construction de son temple. Du reste, pas de déception : au premier coup d'œil, on reconnaît qu'il n'y a rien d'usurpé dans la réputation de beauté qui a été faite à cette terre privilégiée. L'*attoll* charmant qui annonce l'entrée du port est à lui seul un vrai bijou. Qu'on se figure une roche de corail parfaitement circulaire, émergeant d'une mer d'un bleu méditerranéen, et au milieu de cette roche, s'élançant hardiment dans les airs, des bouquets de cocotiers aux panaches fantastiques ; ils ont été jetés là par je ne sais quel miracle, comme pour défier les vents de terre et de mer qui s'acharnent sur eux et les secouent sans repos.

Ce qui ravit les yeux, lorsque du haut de la dunette des bateaux on découvre Ceylan et les grandes îles de la Sonde, Sumatra, Java et Bornéo, c'est l'aspect des montagnes. Quoique se détachant presque toujours sur un ciel d'une grande pureté, elles n'en sont pas moins enveloppées, au sommet ou sur les flancs, de vapeurs bleuâtres et flottantes. L'œil, fatigué d'un long voyage en mer, se repose certainement avec joie sur la verdure mélangée d'un jaune pâle des grandes forêts de cocotiers qui bordent le littoral, mais il va errer de préférence vers les sommets où flottent ces nuages légers. Le grand pic d'Adam, placé un peu à l'ouest de l'île, et sur lequel, d'après les traditions singhalaises, vint mourir notre premier père, est une des hauteurs les plus splendidement vaporeuses que l'on puisse rêver. Ève, que son époux dut abandonner dans la Mer-Rouge, a sa tombe vénérée par les musulmans à Djeddah ; mais cette tombe n'a pas pour encadrement les belles lignes de montagnes et les vapeurs bleuâtres qui, comme un encens toujours renouvelé, s'élèvent lentement du sein des vallées jusqu'aux régions où le premier homme rendit son dernier souffle.

Comme il faut attendre à Point-de-Galle l'arrivée des *steamers* de Calcutta, de l'île Maurice et d'Australie, on y séjourne trente-six ou quarante-huit heures, et personne ne se plaint de ce retard. Il faut demander une voiture au propriétaire de *Coolman's hôtel* et se hâter de visiter Walk-Valley, Cinnamon-Garden, la capitale Colombo, et faire, si le temps le permet, une excursion rapide à Candy, petite ville pittoresque située près d'un lac dans les hautes montagnes de l'intérieur. Ce qui vaut mieux encore, c'est de faire ici une halte d'une quinzaine de jours pour visiter tous les sites, les magnifiques forêts de l'intérieur et les ruines fort anciennes de plusieurs temples de Bouddha. La route de Point de-Galle à Colombo, bordée d'un côté par une mer hérissée de récifs, de l'autre par des forêts de cocotiers, de goyaviers, de cannelliers et arbres à pain, est ravissante. De temps en temps, on découvre sur les collines boisées les blanches habitations de quelques planteurs, véritables palais entourés de larges vérandahs et admirablement disposés contre la chaleur. Sur le chemin sablé, on croise à tout instant, principalement à la chute du jour, des calèches, des cavaliers, de gracieuses amazones et une nuée d'indigènes de race malabare. La physionomie de ces derniers, empreinte d'une douceur caractéristique, vous attire, et l'on voudrait parler avec eux comme on parlerait avec des enfants. Si les Singhalais portaient des canezous comme leurs femmes, il serait difficile à première vue de ne pas les confondre avec elles. Ce qui contribue à cette confusion, c'est que les hommes portent les cheveux très-longs ou retenus au sommet de la tête par un large peigne en écaille. Le sarrau, jupon aux vives couleurs qu'ils roulent autour des reins et qui tombe jusqu'aux pieds, est semblable pour les deux sexes. Malheureusement ce qui vous choque en eux, c'est leur détestable habitude de la mastication incessante du bétel; il faut en prendre son parti, car cet usage existe chez presque tous les peuples de l'extrême Orient et de l'Océanie. Le croira-t-on? il est des Européens qui, après un long séjour aux Indes, sont devenus des mâcheurs enragés de bétel ; ils ont pu voir sans horreur leurs bouches rougies par la noix d'arec et leurs dents effroyablement déchaussées par la chaux. Plusieurs fois, dans mes excursions à Manille, la fille nonchalante de quelque Tagale s'était mise à rouler devant moi, dans une fraîche feuille de bétel saturée de chaux, un morceau de noix d'arec, et me l'avait offert par politesse. J'étais tenu d'accepter, sous peine de paraître dédaigneux de l'attention que l'on avait pour moi ; mais j'ai dû paraître bien mal élevé, car jamais je n'ai pu goûter plus d'une minute à cet affreux mélange. Le goût n'est pas seul offensé ; l'haleine devient fétide, le palais se dessèche. Lorsqu'on demande comment des millions d'hommes et de femmes contractent de l'enfance à la mort l'habitude de cette mastication, on répond que la noix de l'aréquier, en raison de ses vertus astringentes, est excellente contre les maladies débilitantes du pays, que, si la chaux déchausse les dents, elle les préserve en revanche du mal dont tant de personnes en Europe souffrent cruellement. Ceux à qui l'odeur du cigare déplaît trouvent-ils les fumeurs plus supportables que les mâcheurs de bétel ? L'habitude horrible de priser n'est-elle pas repoussante ? Question d'habitude, mais plus encore de climat.

Les chasseurs ici n'ont que l'embarras du choix : le buffle sauvage, le léopard, l'alligator, le pélican et le héron abondent. L'éléphant blanc ou noir s'y trouve également ; mais je conseille de laisser cette dernière chasse aux indigènes, qui d'ailleurs ne tuent jamais ces animaux, les plus doux qui existent : chose bizarre, ils n'ont pas les longues défenses de leurs congénères d'Afrique et des Indes. A l'aide de nœuds coulants fabriqués avec de fortes lianes, on les prend par les pieds près des plantations de cannes à sucre, dont ils sont très-friands. Rapidement apprivoisés par des traitements très-doux, ils sont employés avec succès à toute sorte de transports. Leur docilité est si grande que le gouvernement anglais en nourrit ici une trentaine désignés sous le nom de *elephant's government company*. Ils servent à transporter de l'intérieur à Colombo les grandes pièces de bois dont on a besoin pour la marine ou les constructions militaires. Le matin, un cornac fait sortir de leur caserne ces réguliers d'un nouveau genre, et les conduit aux clairières des forêts où se font les défrichements ; là on les attelle individuellement à quelque géant de la forêt, et l'animal, seul, sans guide, gravement, à pas lents, sans idées de maraude, traîne son fardeau jusqu'à Colombo, d'où il revient encore seul pour renouveler son chargement. Dois-je attribuer à l'intelligence de cet éléphant la fin de l'embarras singulier dans lequel nous nous sommes trouvés, quelques amis et moi, tout près de Candy? Nous étions cinq ou six voyageurs à cheval et marchions au grand trot vers cette résidence, lorsque, à un mille en avant de nous, nous aperçûmes un éléphant qui se dirigeait de notre côté; il occupait le milieu de la chaussée. A sa vue, nos petits chevaux s'arrêtèrent net, refusèrent non-seulement d'avancer, mais encore nous firent faire une reculade qui nous porta presque hors de vue du pachyderme. Trois fois nous revînmes à la charge, et trois fois, d'un commun accord, ils détalèrent; c'était un caprice inexprimable, car les chevaux de Ceylan vivent en bonne intelligence avec les éléphants apprivoisés. Au début, cela nous avait divertis; mais l'impatience finit par s'en mêler, nous mîmes pied à terre, et, prenant nos montures par la bride, nous voulûmes forcer ainsi le passage. Ce fut vainement, nos chevaux ruèrent, se cabrèrent, se couvrirent de sueur, mais n'avancèrent pas. C'est alors qu'un des nôtres eut l'idée heureuse de se diriger vers l'éléphant, qui lui-même s'était arrêté à notre vue, et de lui indiquer de la main et de la voix, à différentes reprises, la direction d'un bois de cannelliers qui se trouvait sur un des côtés du chemin. Le gros animal, après s'être balancé un instant comme indécis sur ses jambes, parut enfin avoir compris qu'il était un épouvantail pour nos bêtes rétives, et il s'enfonça sous bois, mais non sans s'être arrêté tous les trois pas pour nous regarder et attendre une nouvelle injonction. Nous nous remîmes alors en route. Une fois le bois dépassé, nous fîmes un temps d'arrêt afin de voir si l'éléphant sortirait du taillis; c'est ce qu'il fit, se demandant peut-être dans sa bonne grosse tête comment lui, si doux, pouvait être un objet d'épouvante.

Les premiers conquérants de l'île de Ceylan furent des Portugais ; les Hollandais la leur prirent; les Anglais, étant devenus plus puissants que ces derniers, les ont chassés et l'ont gardée. C'est à peu près l'histoire de toutes les colonies, et l'île Maurice, cette ancienne perle de nos possessions, redit sans cesse, désespérée, comment la foi punique des Anglais l'arracha de nos mains. Si à Point-de-Galle on trouve peu de vestiges de la domination des Pays-Bas, en revanche, à Colombo, tous les monuments rappellent les grands travaux exécutés par les Albuquerque et les deux Castro. Leurs descendants sont encore en assez grand nombre, mais ils disparaissent parmi les Anglais, les Malais, les Chinois, les Persans, qui se sont fixés dans l'île; on ne les distingue qu'à l'exercice du culte catholique, auquel ils sont restés fidèles, et à une mauvaise foi proverbiale. Il est peu de races dont la décadence ait été aussi rapide que celle de la race portugaise. A Ceylan, à Goa, au Mozambique et à Macao, en s'alliant aux femmes asiatiques, les Portugais ont vu leur condition physique tomber aussi bas que leur condition morale. Ils sont devenus presque tous de petite taille et malingres; leurs traits primitifs ont complétement disparu sous ceux des races inférieures auxquelles ils se sont mélangés sans vergogne. Fourbes, débauchés, portant la prostitution à ses dernières limites, ils rendent impossibles les rapports qu'on peut avoir avec eux, car ces rapports dégénèrent infailliblement en difficultés de mauvais aloi. Leur vantardise est bouffonne, et dépasse celle des Gascons et des Andalous. « Je vous enverrai mes huit pieds de chevaux, » dit avec orgueil un Portugais macaïste, pour dire qu'il vous enverra son attelage. « Présentez armes! en joue! figure féroce à l'ennemi! feu? » est un des commandements que l'on prête aux officiers de la milice de Goa. Ceux de cette nation qui ne se sont pas mêlés aux Asiatiques ou aux Mongols sont des gens honorables; il en est de même des Portugais de la péninsule fixés dans ces parages. A Singapour, à Macao, dans toute l'Inde orientale, il y a des maisons portugaises dont les chefs occupent dans le commerce une position fort élevée. Des capitaines de la marine marchande du Havre et de Nantes, débarqués à Ceylan pour y déposer des charbons de Cardiff et de Newcastle, et qui, pour chargement de retour, prennent les riches épiceries des îles de la Sonde, m'ont assuré avoir eu avec les maisons portugaises qui s'y trouvent des relations sûres et précieuses.

A Point-de-Galle, à quelques milles du lieu de débarquement, s'élève dans un bouquet de verdure un temple moderne du dieu Bouddha; il faut le visiter, on y arrive par une route charmante bordée de grands cocotiers. L'idole est grossière, obèse, dorée de la tête aux pieds, d'une grandeur démesurée. Les murailles de la pagode, qui s'élèvent en s'arrondissant en coupole, sont couvertes de peintures noires sur un fond doré; elles représentent l'enfer et le paradis peuplés de toute sorte de personnages. Les rois, que l'on reconnaît à la couronne qui décore leur tête, ont été placés dans les plus mauvaises situations par le peintre implacable; pas un de ces heureux de la terre qui ne soit en train d'être décapité, pendu ou empalé. Le paradis, occupé sans partage par les pauvres, des banians ou des soudras, ne m'a paru être qu'un vilain endroit où les justes s'adonnaient aux joies promises par Mahomet à ses élus. Ce qui heureusement relève le bouddhisme, c'est que, comme dans la doctrine de Zoroastre, l'expiation sans fin des fautes commises sur cette terre n'existe pas, et je ne puis me lasser de constater cette croyance en la bonté sans limite des dieux que 400 millions d'hommes adorent.

Pendant notre longue visite au temple, nous n'y vîmes qu'une femme singhalaise ; elle couvrait les pieds énormes du dieu de bananes, de citronelle et des fleurs odorantes du gardenia. Je lui demandai si elle savait où étaient les servants du temple ; elle répondit en souriant, mais avec un mensonge mal déguisé, qu'elle n'en savait rien. Ils avaient dû se cacher à nôtre arrivée, car à Ceylan, comme dans toutes leurs autres colonies, les Anglais sont détestés, et les indigènes évitent leur contact autant qu'ils le peuvent. Je revins seul, un jour, voir le dieu Bouddha, et je surpris un prêtre dans l'intérieur de la pagode. Je le crus en prière ; mais, m'étant approché de lui, je vis qu'il recousait tranquillement un vêtement déchiré : il finit par confesser qu'étant bonze et tailleur en même temps, il vivait de la couture lorsqu'il ne trouvait pas à vivre de l'autel.

Nous traversons le golfe du Bengale et entrons

dans le détroit de Malacca sur l'*Achille*, un des plus dorés et des plus élégants bateaux de la compagnie. Les passagers ont beaucoup varié de types depuis notre départ de Southampton; nous avons à bord des Américains, des Anglais d'Australie, des Portugais, des parsis, des indigènes de toutes les couleurs, Bengalis et Malabars. Quelques-uns des Américains que nous avons pris à Ceylan ont à peine vingt ans; ils font leur tour du monde. Dans leurs incessantes querelles avec les Anglais, le fond des discussions varie peu : — John Bull est-il supérieur à son cousin Jonathan, ou *vice versa*? — L'animosité qui éclate à tout moment entre les deux peuples est aussi vivace aujourd'hui que le jour où les États-Unis proclamèrent leur indépendance.

Les Anglais, dans cette affaire, ont été trop humiliés dans leur amour-propre pour avoir pu encore pardonner. Cependant, cette rivalité jalouse n'ira jamais jusqu'à produire une lutte armée; les deux peuples pourront longtemps se menacer, s'adresser des injures, échanger des dépêches belliqueuses, ce sera tout. Trop d'intérêts les lient, ils ont trop de sagesse, et par-dessus tout ils se gouvernent trop bien eux-mêmes pour se laisser entraîner à la puérile et ruineuse fantaisie de prouver leur supériorité.

D'où vient donc cette haine générale des colonies contre les métropoles? Leurs séparations violentes, inévitables, doivent tenir à des causes que les gouvernements feraient disparaître s'ils avaient plus de justice. Ils ne devraient pas, par exemple, accaparer à leur profit les richesses coloniales, et la Hollande, comme on le verra bientôt, offre un exemple monstrueux de cette rapacité ; il ne faudrait pas qu'ils refusassent aux créoles les droits et les libertés dont jouissent les citoyens de la métropole; ils ne devraient pas surtout nommer aux meilleurs emplois des colonies, au détriment des fils des colons, des fonctionnaires européens qui, comme des sauterelles voyageuses, ne prennent un poste dans ces contrées lointaines que pour dévorer à belles dents tout ce qu'on y met à leur portée. Qu'en résulte-t-il? L'Angleterre voit les Américains se séparer d'elle violemment; au Mexique, au Pérou, dans la Colombie, les Espagnols sont chassés et la haine de leur nom dépasse toute limite; au Brésil, l'indépendance est proclamée et les Portugais de la Péninsule sont pour toujours abhorrés; la Havane n'est contenue que par le garote; l'Australie, sans l'autonomie qu'elle a arrachée à l'Angleterre, serait aujourd'hui un État indépendant; notre Afrique française était déjà toute opposition avant la chute de l'empire.

Je me suis lié avec un des Américains nouvellement embarqués sur l'*Achille*, et je remarque qu'il joue à tout instant avec un revolver microscopique placé derrière son paletot dans une poche *ad hoc*. Je l'invite à se débarrasser de ce joujou dangereux, mais il me répond, en jurant, qu'il en a besoin pour tuer le premier Anglais du bord qui le raillera. Mon jeune *Yankee* a dix-huit ans, et depuis deux ans déjà il court le monde, ayant en poche à côté de son revolver 30,000 francs de lettres de crédit sur les principales maisons de banque des deux hémisphères. Il ne tuera personne, j'en suis convaincu, car ses grands yeux bleus sont remplis de douceur, et je le vois rougir comme une jeune fille dès qu'on lui tient tête. Il a déjà visité toutes les grandes capitales, très-peu Londres, car cent fois, me dit-il, j'ai failli m'y faire assommer en plaisantant les Anglais. Je compare à nos Français du même âge ce jeune Américain livré encore imberbe entièrement à lui-même, disposant à son gré d'une somme considérable, parlant toutes les langues vivantes d'Europe, et rentrant à Philadelphie, dans sa famille, ayant à dix-neuf ans fait le tour du monde. Quelle belle moisson d'expérience et d'épreuves n'y apportera-t-il pas! Certes je ne crois pas qu'il faille absolument avoir fait le tour du globe pour être un homme; mais n'est-il pas permis de penser que, si nos gouvernants avaient vu autre chose que l'asphalte des boulevards parisiens, ils auraient plus de sens pratique et une meilleure connaissance des hommes? Dans nos chambres françaises, au lieu de députés porte-voix de minces intérêts locaux ou ne s'occupant que des évolutions de quelque ministre ambitieux, nous aurions les représentants des idées larges que fait infailliblement éclore la vue des grands horizons sociaux. Ce serait à eux surtout qu'incomberait la tâche de préparer les esprits aux redoutables solutions que l'humanité attend et désire.

IV

Malaisie. — Sumatra. — Javanais et le roi de Hollande. — Singapour. — Invasion des serpents, — Le Malais. — Sir John Knox Smith. — La *Panca*. — Histoire d'un chasseur de tigres. — Formose.

Un seul degré de latitude nous sépare de la ligne, et, après une relâche insignifiante à Pulo-Penang, nous distinguons, non loin de nous, les côtes de la Malaisie et de la grande île de Sumatra. Nous approchons un matin très-près d'un point du littoral, et je distingue quelques Malais qui errent sur la plage; ils sont nus, fortement constitués; leur peau est de couleur foncée, et leur aspect est farouche. Malgré notre proximité, nous remarquons qu'ils ne daignent pas jeter un coup d'œil dans la direction du *steamer*.

— Enfin, s'écrie mon jeune *Yankee* avec joie,

voici donc une île qui n'est pas anglaise ! — J'avoue que sa remarque me cause un plaisir égal au sien.

Les Célèbes, une partie de Bornéo, Sumatra, Java, appartiennent à la Hollande; la dernière de ces possessions lui a fourni jusqu'à ce jour un magnifique revenu, — je dis jusqu'à ce jour, — parce que le système hollandais est menacé de ruine. En 1857, les colonies néerlandaises produisaient encore 41 millions de florins; mais, depuis cette époque, les productions du sol sont en décroissance, et le ministre Wale a demandé aux chambres 10,000 livres sterling pour subvenir au déficit du budget colonial. Cependant à Java les indigènes ne sont même pas les possesseurs du sol; ils le cultivent par ordre, et les produits des récoltes sont taxés et achetés d'office par des agents que nomme la métropole. Le croirait-on? ces îles d'une richesse incomparable n'ont jamais autrement intéressé le petit pays qui les domine qu'au point de vue du rendement; quant à civiliser, moraliser, instruire les Javanais, il s'en est gardé avec soin. Comment dominer ces infortunés s'ils perdaient leur ignorance et débarrassaient leurs cerveaux d'une foule de superstitions absurdes! Mais quel que soit l'abrutissement d'un peuple asservi, il est difficile à notre époque que ces asservissements se prolongent; un jour, on ne sait d'où ni comment, survient un souffle de révolte et d'indépendance qui relève les cœurs les plus flétris et abat ceux qui les oppriment. C'est le cas des colonies hollandaises en ce moment; quelques années encore, et les riches produits de ces îles appartiendront à ceux qui les auront fécondés de leurs sueurs. Ce qui étonne c'est que ce soit le roi d'un des plus petits états de l'Europe, qui seul donne au monde le spectacle d'une si grande injustice. N'est-ce pas tout à fait l'histoire du riche mandarin que l'on tuerait de Paris sans le moindre scrupule, si sa mort devait vous rendre héritier d'une grande fortune?

La relâche de Singapour, qui a lieu neuf jours après avoir quitté Ceylan, est une des plus occupées. L'animation qui règne au vieux port et à *New-Harbour*, les promenades du soir au bord de la mer en voiture ou à cheval, les excursions rapides dans l'île, où une végétation merveilleuse vous éblouit, les visites au quartier malais et chinois, tout cela fait trouver bien court le temps qu'il vous est accordé de passer ici. Ce qui étonne au milieu de cette foule composée de Malais arrogants, de Chinois braillards et toujours empressés, d'Anglais flegmatiques, d'Espagnols fiers et taciturnes qui reviennent des

Philippines ou qui s'y rendent, de nos compatriotes enfin que je retrouve ici flâneurs et coureurs d'aventures, c'est l'absence apparente de ceux que nous appelons en France les représentants de l'autorité. Ici la liberté est pleine et entière; elle a fait de cet îlot un des plus riches entrepôts du monde, et, grâce à une franchise absolue, Singapour, au lieu d'être en décadence comme Java, stationnaire comme Saïgon, voit de jour en jour sa fortune s'accroître. Si l'on eût voulu que la Cochinchine, dont on ne parle en France, hélas! que comme d'un point stratégique, fût devenue le grenier de l'extrême Orient, il eût fallu dès le début de la conquête y établir cette franchise commerciale et individuelle que les Anglais proclament dès qu'auprès d'une de leurs colonies s'élève une colonie rivale. On entre dans cette voie, mais c'est presque trop tard; puis, tant que nos possessions seront commandées par des marins et des généraux, il ne faudra les considérer que comme des garnisons d'outre-mer où nos matelots et nos soldats d'infanterie de marine iront s'étioler ou mourir.

La première nuit que je passai au grand hôtel Dutronquois, souffrant d'une chaleur intolérable et demeurant au rez-de-chaussée, j'avais transporté mon lit léger en rotin au milieu d'un jardin. A trois heures du matin, m'étant réveillé, je vis s'agitant tout autour de moi dans les allées sablées une trentaine de couleuvres. La lune éclairait comme en plein jour, un instant je me plus à regarder les ébats de ce monde grouillant et rampant. Je ne l'eusse certainement pas dérangé, si je ne m'étais aperçu que le nombre des animaux qui m'entouraient allait toujours en croissant, et si des serpents d'une espèce suspecte ne se fussent enhardis à grimper jusqu'aux montants de ma moustiquaire. Je n'eus à faire pour m'en débarrasser qu'un brusque mouvement ; je leur lançai mon oreiller chinois, c'est-à-dire un rouleau en carton peint, et en une seconde la place resta nette, et d'autant plus nette que je me retirai moi-même au plus vite en entraînant mon lit.

Un de mes amis, chef d'une maison écossaise, à qui je raconte ma mauvaise nuit de la veille, m'enlève de l'hôtel et m'offre d'aller dîner à sa maison de campagne, située à vingt milles dans l'intérieur. J'accepte, et nous partons dans un *break* auquel est attelé un magnifique cheval australien. Nous suivons une route tracée sur un sable à fond rougeâtre ; des huttes recouvertes de feuilles de palmier et abritées sous de grands muscadiers la bordent quelque temps. Au bruit de notre passage rapide, les Malais, coiffés d'énormes turbans en cotonnade rouge et vêtus de sarraux aux couleurs tranchantes, viennent sur le seuil de leurs maisons et nous regardent passer avec curiosité ; ils ne semblent témoigner pourtant aucune déférence pour nous. — Ils sont très-orgueilleux, me dit mon ami ; leur caractère est altier, et leur rancune redoutable. Ils ne sont pas à craindre pour nous, qui les connaissons bien et les traitons avec ménagement et beaucoup de justice ; mais malheur à l'Européen inexpérimenté qui leur impose une punition imméritée ! Voyez à leur ceinture ce fourreau grossier en bambou qui ne les quitte pas : il renferme une lame effilée, le terrible *crish* malais, contourné comme une vipère et envenimé comme elle. C'est avec cette arme qu'ils frappent l'imprudent qui les a maltraités sans raison.

Après deux heures d'un trot allongé, nous laissons la grande route pour nous engager dans un sentier étroit, à peine tracé et se déroulant aux flancs d'une montagne aux pitons nuageux. De belles lianes fleuries montent du sol ou redescendent du faîte des grands arbres formant sur nos têtes un dôme épais de verdure. Bientôt des ouistitis nous accompagnent et font entendre de petits cris plaintifs ; des cacatoès énormes sortent leurs têtes intelligentes du creux des vieux arbres où ils sont nichés, et relèvent avec colère leurs aigrettes à plumes jaunes; des tourterelles couvrent les branches desséchées des arbres par troupes innombrables et ne s'envolent pas à notre approche. On ne chasse jamais ces doux animaux, et il est difficile de rencontrer à l'état sauvage un oiseau moins effrayé.

Nous arrivons, à la tombée de la nuit, au sommet du plateau sur lequel s'élève la maison de campagne de mon ami John Knox Smith; elle est construite à quinze pieds du sol, et supportée à cette hauteur par une double rangée de colonnes en granit. On y monte par un large escalier en pierre blanche placé au centre de l'édifice et conduisant dans la salle à manger; celle-ci communique par deux larges entrées sans portes avec un grand salon, lequel à son tour donne accès du côté de la façade sur un large balcon. Les chambres à coucher sont placées à droite et à gauche de l'habitation, et s'ouvrent sur une galerie ou vérandah spacieuse. Les écuries, les remises, les logements des domestiques, sont situés dans des constructions séparées à une centaine de mètres du logis principal.

C'est dans de pareils palais qu'il faut être admis pour avoir une idée du confortable dans lequel vivent les Anglais durant leur séjour aux

Indes orientales. Tout ce qui a pu être imaginé pour rendre la chaleur supportable et atténuer, par un grand bien-être matériel, l'éloignement douloureux de la patrie, vous le trouvez ici. D'abord voici la salle de bain, où coule sans cesse une eau fraîche et cristalline : tantôt elle tombe en pluie sur votre tête brûlante, tantôt elle jaillit en cascade et frappe à vous renverser; partout des canapés en rotin, des causeuses, des fauteuils à bascules, dits *rocking-chairs*, sans oublier de frais tabourets en porcelaine verte de Chine. Dans presque tous les appartements, mais principalement dans les chambres à coucher, on voit suspendu au plafond un panneau de toile blanche : c'est une sorte d'éventail gigantesque appelé *panca;* il est mis en mouvement sur vos têtes par un domestique invisible, spécialement chargé d'entretenir ainsi toute la journée la fraîcheur autour de vous, et qui ne prend du repos que fort tard dans la nuit, lorsque le maître est endormi. Voilà, dans les cours, des *breaks*, des calèches, des chevaux de trait et de selle, enfin une nuée de domestiques proprement vêtus de blanc. Smith en compte dix-huit à son service ; on y trouve depuis le savant cuisinier chinois jusqu'au petit Malabar indolent, chargé de vous suivre partout, même en voiture, pour vous tendre une baguette enflammée qui rallume le cigare que votre nonchalance laisse à tout instant éteindre. Par contre, l'étude, les arts, une lecture sérieuse, sont complétement délaissés : la chaleur ne permet aucun travail suivi ; d'ailleurs on vient ici pour faire fortune, et les chefs de maison perdraient bien vite leur crédit, si on ne les savait exclusivement occupés des grands intérêts commerciaux qui leur sont confiés. L'ignorance, en dehors de tout ce qui est production du pays, est donc à peu près générale dans ces contrées ; la chaleur paralyse singulièrement la mémoire, et tout Européen, après dix ans d'absence, est obligé, lorsqu'il revient en Europe, de refaire en quelque sorte son éducation.

Aussitôt après notre dîner, Smith, m'ayant fait endosser un ample costume en soie écrue de Chine, me proposa d'aller à 2 milles de son habitation passer la soirée chez quelques amis. Cinq domestiques porteurs de torches et de gongs nous escortèrent ; l'éclat des lumières et les vibrations stridentes du cuivre servent à éloigner les tigres, dont l'île est infestée. Nous fûmes accueillis par nos hôtes avec acclamation, car ces promenades nocturnes ne sont pas exemptes de danger. Cependant le silence succéda bientôt à cet accueil bruyant, et chacun de nous tomba dans une prostration insurmontable.

Ce fut en vain que, pour nous tenir en éveil, les gongs résonnèrent avec fureur, que la *panca* agita sur nos fronts fiévreux ses franges soyeuses, la faiblesse devint générale : nous subissions l'influence énervante d'un orage qui se formait sur nos têtes, et dont nous entendions déjà les grondements sourds. Il fallut nous hâter de regagner notre logis pour ne pas nous trouver sous les grands arbres quand éclaterait l'ouragan. Rendu à l'habitation, je voulus m'endormir sous ma moustiquaire bien close ; je dus y renoncer, car l'orage nous avait suivis et se déchaînait sur le splendide cottage avec une violence extrême. Je croyais avoir entendu à Manille, à l'époque des typhons, les plus beaux coups de tonnerre qu'il soit possible d'imaginer ; mais ceux de Singapour les dépassent de beaucoup. Il y eut un moment où, me voyant entouré d'électricité et de phosphorescence, sentant la terre trembler sous mes pieds, je crus à un désastre. Je me précipitai vers la chambre de Smith ; quelle ne fut pas ma surprise lorsque je le vis profondément endormi, couché sur un canapé de salon ! Je n'eus garde de le réveiller ; mais le lendemain matin je ne pus m'empêcher de lui faire part de la frayeur que j'avais éprouvée.

— Je suis habitué à ce vacarme, me dit-il,

car à cette époque de l'année, en juillet, tous les soirs la foudre éclate sur ma tête. Vous n'avez pas remarqué que mon habitation est construite sur une roche ferrugineuse, laquelle donnerait, si je la faisais exploiter, 80 pour 100 en fonte. Afin d'éviter tout accident, j'ai dû établir deux paratonnerres, et sous cette égide je dors paisiblement, comme vous l'avez vu. En attendant l'heure du thé, allons voir dans quel état se trouve la forêt, et les dégâts qui ont été faits aux routes par la tempête.

Le sentier que j'avais parcouru la veille était profondément sillonné par les eaux furieuses et obstrué par des débris de branches brisées. C'était grande pitié de voir, par une matinée d'une pureté et d'un éclat admirables, cette végétation tropicale ainsi bouleversée et laissant tomber sur nous, comme des pleurs, la pluie dont elle était encore imprégnée.

— Dans quinze jours au plus, me dit Smith, tout cela sera réparé. Sous ce soleil de feu et dans cette atmosphère humide, la végétation acquiert une vigueur extrême, et il est même indispensable qu'elle soit tous les ans émondée par d'impétueux ouragans.

A peine avait-il dit ces mots, que nous entendîmes, au-dessous de nous, dans la vallée, un bruit confus de pas, de voix et de roues pesantes.

— Allons voir qui cela peut être, me dit mon hôte, ce bruit est tout à fait insolite..

Nous descendîmes rapidement la colline, et nous nous trouvâmes en présence d'un Européen à cheval ; sur ses épaules, un fusil à deux coups était jeté en bandoulière, et un revolver du plus gros calibre, attaché à une lanière de cuir, pendait, à la manière arabe, sur un des côtés de la selle. A dix pas en arrière de ce personnage venaient plusieurs Malais presque nus, guidant un buffle attelé à un char à roues pleines sur lequel gisaient sans vie trois magnifiques tigres.

— *Hallo !* monsieur d'Harnancourt, cria mon ami en français au chasseur ; voilà une superbe chasse. Quelles bêtes ! quelles griffes ! Où avez-vous tué cela ? Venez nous le dire en prenant une tasse de thé avec nous.

— J'accepte, répondit le cavalier, et avec d'autant plus de plaisir que, depuis six jours, je me nourris de riz à l'eau, d'iguanes et de perroquets coriaces... J'y mets pourtant une condition, c'est, qu'au lieu de thé, vous me donnerez une bouteille d'eau-de-vie et une tranche de *roastbeef*.

John Smith me présenta aussitôt à M. d'Harnancourt, lequel me parut très-fier d'avoir un compatriote pour auditeur.

— Monsieur, me dit-il dès qu'il fut attablé, j'ai hâte de vous apprendre comment j'ai fait une si belle journée, et de vous dire qu'hier j'abattais mon quarantième tigre. Si, plus heureux que moi, vous avez un jour la joie de revoir la France, n'oubliez pas de dire ce chiffre aux chasseurs de lions de l'Algérie, et ajoutez que je les convie à venir ici faire assaut d'adresse. Partout autour de moi, au Bengale comme sur la presqu'île malaise, on chasse ce fauve avec grand appareil ; il faut à mes confrères en saint Hubert des éléphants, des chevaux, cent Malais ou Indiens, l'incendie des jungles, de grands cris, des gongs, que sais-je encore ? Je chasse plus simplement, et avec un succès non interrompu, comme vous avez pu vous en convaincre par vos yeux. Toutefois, avant de commencer mon récit, un verre d'eau-de-vie à la prospérité de notre chère patrie !...

« J'étais à Singapour il y a huit jours, reprit notre invité, lorsque le rajah d'un village de l'intérieur, à cinq lieues d'ici, me fit prévenir par un de ses Malais qu'un tigre s'était établi depuis quelques semaines tout près de son habitation ; sa reconnaissance serait grande, disait-on, si je réussissais à le délivrer du mangeur ordinaire de ses laboureurs, pauvres coulies chinois qu'il recrute vidés de cervelle et d'argent dans les fumoirs d'opium de Singapour, et auxquels il cache soigneusement les éventualités de la mort affreuse qui peut les surprendre. Si les carnassiers de cet archipel ont une préférence marquée pour la chair du Chinois, c'est que ce dernier a l'habitude de travailler la terre presque nu, et qu'il découvre ainsi au soleil une peau blanche, satinée, plus appétissante à l'œil que la peau bronzée et huileuse du Malais. Je me mis aussitôt en route, armé, comme d'habitude, d'un fusil de chasse, système Lefaucheux, et d'un revolver américain à six coups. A peine arrivé à l'habitation du rajah, et, guidé par ses gens, je pris une minutieuse connaissance des localités; je fus bientôt convaincu que le tigre devait se trouver au centre d'un ravin figurant un entonnoir renversé qui, rempli de joncs et de broussailles, s'ouvrait sur une vaste rizière où journellement travaillaient de nombreux Asiatiques. Je renvoyai mon escorte, ne voulant exposer personne; une longue expérience m'avait d'ailleurs appris que dans ces sortes d'aventures, agir seul est le parti sage. Il était midi environ, et après deux heures de recherches prudentes, j'avais déjà découvert, au bout de l'entonnoir; la petite éclaircie par laquelle l'animal devait avoir l'habitude d'entrer ou de sortir de son repaire. J'armai les deux coups de mon fusil et j'allais me glisser dans l'intérieur du jungle, quand je le vis à dix pas devant moi ; il cheminait dans ma direction, lentement, très-cauteleux et inquiet, mais, heureusement pour votre serviteur, recevant en plein sur ses yeux éblouis un vif rayon de soleil. J'ajustai et fis feu sans perdre une seconde, et je courus sur lui, le revolver à la main ; j'étais cependant bien convaincu que je devais l'avoir foudroyé d'une balle conique tirée en plein museau. Je ne m'étais pas trompé ; il était mort, et je n'eus même pas l'ennui de l'achever.

« Le surlendemain, j'allais me remettre en route, lorsqu'un autre chef indigène me fit dire qu'un de ses Malais avait été enlevé et dévoré par un de ces monstres au moment où l'infortuné, poursuivi par un crocodile, venait de passer à gué une rivière bordée de ronces et de hauts manguiers. Je me fis conduire aussitôt au lieu indiqué, et je découvris sans peine, dans un jungle voisin, l'entrée d'un repaire où, selon toute probabilité, digérait encore le fauve. Je dois vous dire, — car c'est peut-être là le grand secret de mon audace, jusqu'à ce jour impunie, — que je ne chasse pas avec les vêtements de ville que vous voyez sur moi en ce moment : je ne suis pas si simple. J'ai un costume tout en peau de tigre, dans lequel je me mets comme

dans un sac aussitôt que j'entre en chasse. En
outre, ces longs cheveux roux et déjà blancs,
hélas ! que vous voyez flotter sur mes épaules,
je les rabats sur ma figure, de manière à ne
laisser rien voir de mon épiderme ; seuls mes
yeux restent autant que possible à découvert,
afin de surprendre dans les claires prunelles du
carnassier le moment très-précis où il va se
jeter sur moi. Sans bruit, j'avais donc, selon ma
coutume pour me mettre en chasse, attendu
midi, heure à laquelle tout être vivant s'endort
sous nos latitudes brûlantes. Il avait plu beaucoup dans la nuit, et, comme l'entrée du jungle
était fort étroite, je dus me traîner dans la fange
fort avant sur les genoux. Je rampai pendant
dix mortelles minutes, suffoquant, car il fallait
contenir le bruit de ma respiration, devenue,
par l'effet de la fatigue, bruyante et entrecou-
pée, irrité au dernier point contre mon vêtement
de chasse, qui, lourd comme une chape de
plomb, heurtait trop bruyamment aux parois
flexibles de la coulée de verdure où je m'étais
engagé. Cependant, comme la sueur perlait sur
mon front, qu'elle collait mes cheveux, ramenés
sur la face, de manière à gêner ma vue, je résolus de suspendre un instant ma marche en
avant ; mais, en faisant ce mouvement d'arrêt,
mes coudes durent frapper à quelques branches

sèches, qui se brisèrent avec un léger bruit. Aussitôt, à quinze pas devant moi, j'entendis un tressaillement sinistre. Je ne me fis point d'illusion : le tigre était là. Heureusement qu'en approchant du centre du taillis, les ronces, en devenant plus grandes, élevaient davantage leurs arceaux sur ma tête ; j'en profitai pour me redresser un peu, et, avançant encore de cinq pas, je me trouvai au milieu du fourré, tenant déjà en joue mon tigre. Il était là, accroupi comme un chat dans un vaste nid, ses quatre pattes repliées sous lui, et je le tenais si bien au bout de mes canons que je m'amusai à le regarder pendant une seconde, cherchant de mon côté à deviner ce qu'il pouvait penser en voyant si soudainement apparaître devant lui, debout sur ses deux pattes de derrière, un être portant une robe mouchetée en tout semblable à la sienne. Eh bien, messieurs, j'en suis convaincu, l'animal n'éprouvait ni terreur, ni colère ; il était sous le coup d'une stupéfaction réelle, presque comique... Le naïf carnassier n'est jamais revenu de son étonnement, car, lâchant la détente de mon arme, je le vis rouler bel et bien foudroyé.

« On ne peut s'imaginer, continua M. d'Harnancourt en avalant coup sur coup plusieurs verres d'eau-de-vie, les bruits étranges qu'éveille au milieu du jour dans ces contrées en apparence désertes, mais qui ne sont qu'endormies, la détonation soudaine d'une arme à feu. Les perroquets, les grands calaos, les singes, jettent des cris d'horreur comme si je les égorgeais tous à la fois; ils me poursuivent parfois pendant une heure, les premiers de leurs cris, les seconds de leurs grimaces. J'ai beau prendre une attitude paisible, rien n'y fait; j'ai vu même des singes d'une grande espèce me jeter du haut des arbres une véritable pluie de noix de cocos. Au milieu du tumulte qui se fit entendre lorsque j'eus fait feu, il me sembla distinguer un bruit singulier. Était-ce un buffle affolé qui s'enfuyait, ou quelque énorme boa mis en déroute par l'explosion de mon arme? Je ne pus le savoir. Je ne vis rien; le revolver à la main, je ne cessai pourtant d'explorer les alentours, et je me tins sur mes gardes jusqu'au moment où je me crus hors de toute surprise. Je pus donc rentrer chez le rajah pour lui dire d'envoyer des hommes chercher le tigre mort. Ils revinrent trois heures après leur départ, très-confus, m'assurant qu'ils n'avaient pu retrouver la place où j'étais certain de l'avoir laissé sans vie. Je devinai sans peine qu'ils n'avaient pas osé entrer sans moi dans le repaire, et, les traitant rudement de poltrons, je leur donnai rendez-vous pour le lendemain afin de les y conduire.

« Les Arabes de l'Algérie considèrent les tueurs de lions comme des dieux ou des sorciers ; mais les Malais n'ont pas cette naïveté. En réponse à mes reproches, ils me dirent que, si je voulais leur confier mon fusil et leur laisser endosser mon costume, ils iraient bien en expédition sans mon concours. Que pourraient-ils faire en effet avec leurs *crishs* et leurs poitrines nues contre un animal aussi hardi que le tigre! La seule vue de leur peau luisante et très-haute en parfum indien doit le mettre tout de suite en appétit ; sous mon déguisement fantasque, ces féroces animaux ne perçoivent peut-être qu'une odeur européenne qui ne fait que les étonner. Nous avons, croyez-le bien, notre fumet particulier, *sui generis*, et il est certain que l'Européen ne s'en débarrasse jamais totalement. Voyez donc les buffles de tout cet archipel, ceux qui vivent dans l'intérieur, et surtout ceux qui vivent encore à l'état sauvage : des Malais passeront cent fois sous leur vent, et ils ne se dérangeront jamais, soit de leur sieste, soit de leur promenade ; mais, si un Européen, même en se déguisant sous le sarrau malais, passe à 1,000 mètres d'eux, vous les verrez immédiatement se mettre en fureur, — les yeux et les oreilles injectés de sang, se jeter sur lui pour le fouler aux pieds ou le faire danser aux pointes de leurs cornes gigantesques. Sans vergogne, lorsque je me vois poursuivi par des buffles sauvages, je grimpe sur un arbre, et les laisse passer ; je puis les abattre certes aussi aisément que je démonterais un tigre, mais il me répugne de tuer ces animaux, très-utiles à l'agriculture et très-doux aux petits enfants, qui jouent sans cesse dans leurs jambes sans aucun accident. Une petite fille de cinq ans conduira despotiquement à l'abreuvoir et au pâturage deux cents de ces bêtes horribles de pesanteur et de forme, et je défie dix Malais d'en venir à bout.

« Je vous demande bien pardon de ces digressions, continua le narrateur, et je me hâte d'arriver à ma troisième et dernière capture. Donc, le lendemain matin, au lever du soleil, nous partîmes trente environ, sans bruit, sans éclat, sans démonstration d'aucune sorte, ce qui est d'ailleurs dans le goût de cette race malaise, plus sérieuse qu'expansive. Je retrouvai bien vite le jungle épais où j'avais pénétré la veille, et j'en indiquai l'entrée à mes hommes. Tout à coup, il me sembla voir, à l'endroit où mes genoux avaient aplani et lissé le sol humide, des empreintes que je n'avais certainement pas vues la veille.

« — Attention ! criai-je aussitôt à mon monde en l'arrêtant, le repaire me semble encore habité : il y a peut-être ici un nouveau tigre.

« Il n'était que dix heures, beaucoup trop tôt pour que je voulusse aller m'assurer du fait; je renvoyai donc les Malais en leur recommandant de venir me rejoindre à cinq heures du soir, en nombre et au lieu où j'étais. Vous allez me dire que j'aurais pu mettre le feu aux broussailles et forcer l'animal qui pouvait s'y trouver à sortir ou à rôtir; mais j'aurais perdu mon trophée de la veille, et avec lui 50 piastres. Vous saurez, poursuivit M. d'Harnancourt en s'adressant directement à moi, que le gouvernement anglais de la colonie me donne cette somme par chaque tête de tigre que je lui présente. Ce n'est pas trop, n'est-ce pas, pour risquer ainsi sa vie? Hélas! je n'ai pas d'autres cordes à mon arc, et pourtant, si je parviens à tirer chaque année vingt fauves de cette espèce, je vivrai fort à mon aise avec les 1,000 piastres ou 5,000 francs que ma chasse produira. Les riches résidents ont en outre la coutume de me faire une prime supplémentaire lorsque, comme aujourd'hui, je rentre à Singapour avec plusieurs tigres, et je me recommande à vous, monsieur Smith, pour rappeler cet usage à vos amis.

« — J'en ferai la proposition aussitôt notre rentrée, répondit mon hôte, et vous pouvez, dès ce moment, la considérer comme acceptée.

« — Quand mes hommes furent partis, reprit le conteur, je quittai mes vêtements de ville, et, les déposant en paquet à l'entrée du repaire, j'endossai mon déguisement de bête ; je ramenai aussi mes cheveux sur le visage, et, blotti à deux cents pas de là, dans un bois de bananiers dont j'avais détaché les larges feuilles pour me couvrir, je résolus d'attendre ainsi l'heure de midi. Vous me croirez, vous, monsieur Smith, qui savez combien est invincible l'étreinte du sommeil dès qu'on s'abandonne en ces lieux à l'inaction : accablé par la chaleur, chaleur atrocement augmentée par le costume dont j'étais affublé, je m'endormis bientôt profondément. Je serais peut-être resté dans cette torpeur jusqu'à nuit close, si des fourmis, pénétrant dans mes oreilles, ne m'eussent réveillé. Il est bien heureux pour moi qu'en reprenant mes sens j'aie eu tout de suite conscience de la situation critique où j'étais, et que mon premier coup d'œil soit tombé dans la direction du jungle !... J'y vis un tigre de belle prestance accroupi devant mes hardes, attendant sans doute que mon paletot, mon gilet et mon chapeau prissent corps pour être déchirés à belles dents. Que faire ? Je pris le parti de me lever le plus doucement qu'il me serait possible, tout en me débarrassant sans bruit des larges feuilles de bananier qui me recouvraient; mais je ne pus réussir entièrement. Au dernier mouvement que je fis, le tigre se redressa, et, si une minute après m'être mis sur mes pieds je n'étais pas renversé et broyé, c'est que, surpris de mon apparition ou plutôt de mon aspect étrange, il s'était arrêté à dix pas de moi, très-indécis sur ce qu'il voyait, mais me laissant tout le temps de lui fracasser la mâchoire et le crâne par un coup de fusil tiré, comme toujours, presque à bout portant. Quelques minutes après, mes gens arrivaient un à un, timidement, car ils avaient entendu de loin la détonation de mon coup de feu. Pour rien au monde, ils ne voulurent se hasarder sans moi dans le repaire, lequel, comme vous voyez, était assez bien fréquenté; je les entraînai pourtant à ma suite. J'y retrouvai le tigre tué le veille, et, chargé de mon double butin, je me mettais en route pour faire mon entrée triomphale à Singapour, lorsque vous m'avez fait l'honneur de m'arrêter.

Je félicitai bien vivement mon compatriote de ses succès, et je le priai de me dire comment il s'était fixé dans cette île.

— Écoutez mon histoire, qui est très-courte, me dit M. d'Harnancourt tout en continuant de vider la bouteille qu'il avait devant lui. Je suis fils d'un officier de cavalerie de la première garde impériale. Mon père, ayant été fait prisonnier par les Russes, réussit à s'échapper de la Sibérie et se réfugia en Amérique. A la paix, il y resta pour ne pas mettre son épée au service de la restauration. Hélas! il se maria, et, si je laisse échapper cette expression de douleur, c'est que de ce mariage naquit l'être errant, toujours à peu près sans feu ni lieu, que vous avez devant vous. Ma mère mourut la première, lorsque j'étais encore enfant, et, quoiqu'elle eût fait graver sur sa tombe, en guise d'épitaphe, cette invitation pressante à l'adresse de mon père : — Je t'attends! — ce ne fut que quinze ans après que ce dernier répondit à son appel... Et ce fut encore trop tôt, car je restai seul au monde; au lieu de chercher la richesse dans une condition honnête et paisible, je me livrai entièrement au seul amour que j'aie jamais eu en tête, l'amour du mouvement. Depuis trente ans bientôt, sans repos, sans trêve, je n'ai fait qu'une chose, chasser, soit en parcourant les prairies du *Far-West* à la traque du bison, soit en allant vers les régions glacées du pôle arctique à la piste des renards bleus.

« Je serais certainement encore dans ces lointaines et belles contrées de chasse, si je ne m'étais souvenu que j'étais d'origine française et de race normande. Je cédai à l'envie, longtemps combattue, de voir l'Europe, et aussi peut-être au secret désir de retrouver en France une famille toute faite. Il y a un an, je m'embarquai à San-Francisco à la destination de Hong-kong ; j'avais l'espoir d'obtenir, dans ce dernier port, un passage pour Marseille à bon marché. Ma mauvaise étoile en décida de toute autre façon : sur le point de toucher à ma première escale, le navire qui me portait vint se briser, à la suite d'un épouvantable typhon, sur les récifs qui entourent l'île chinoise de Formose. Je fus le seul des passagers et de l'équipage qu'épargna la mort. Je n'avais rien perdu d'ailleurs, car ma petite fortune consistait simplement en quelques onces mexicaines que je portais toujours sur moi, cachées dans les doublures de mes vêtements.

« Je fus tout à fait surpris d'être traité d'une manière fort humaine par les insulaires qui me recueillirent. Permettez-moi de vous apprendre que Formose est une possession peu connue, et dont l'intérieur est habité par des peuplades indépendantes et guerrières qui se livrent entre elles des combats incessants. Pas un Européen, je crois, n'a pu pénétrer au milieu des tribus sauvages qui vivent dans les montagnes ; c'est à regretter, car il doit y avoir là des richesses non exploitées d'une grande importance. Je vécus donc avec les gens du littoral, et j'y restai environ deux mois prisonnier dans une pagode; je dis à dessein prisonnier, car toutes les fois que je tentais une promenade dans l'intérieur, on me ramenait aux autorités chinoises, et les bonzes, mes hôtes, me faisaient comprendre au retour, par un geste significatif, que, si je m'éloignais trop, j'aurais la tête tranchée. Un jour, un capitaine anglais, que la Providence avait égaré dans ces parages avec son navire, eut pitié de moi et m'offrit le passage gratuit jusqu'à Singapour. Jugez de ma joie!... Quand, rendu ici, j'appris que le gouvernement de la colonie donnait 50 piastres par tête de tigre, qu'on m'eut affirmé que cet animal y foisonnait à tel point que l'on comptait chaque jour une victime, je me décidai à me fixer dans une île si lucrative et si giboyeuse. Voilà six mois que j'y vis et que je cherche à faire des économies qui me permettront de voir un jour la France, l'Algérie surtout, où mon plus vif plaisir serait d'aller rivaliser d'audace et d'adresse avec les plus grands chasseurs de lions.

— Pauvre d'Harnancourt! me dit tout bas Smith au moment où, vaincu par les vapeurs de l'eau-de-vie, le chasseur de tigres s'endormait profondément, il ne reverra jamais son pays, car, s'il évite les insolations et les griffes des carnassiers, il n'échappera point aux effets foudroyants de l'ivresse. Tout l'argent qu'il gagne à son périlleux métier se transforme en bouteilles d'eau-de-vie, et jusqu'à complet épuisement de ses piastres, il ne dégrise pas.

V

En Chine. — Dîner avec Hataï, Fatma, Atoï, Atchaï et Loï. — Contrat de vente d'une jeune fille chinoise. — La Chine et le missionnaire. — Le Céleste. — Canton. — Une fête en bateau. — Patriotisme des boulangers chinois. — Macao. — Le drapeau tricolore. — La traite en Chine. — Un drame lugubre à Manille.

Il est inutile de répéter ici l'histoire bien connue de la prospérité de Hong-kong, rocher stérile en 1841, devenu aujourd'hui un entrepôt considérable d'opium, grâce à la maxime à la mode : « la force prime le droit, » et à l'appui impolitique prêté par la France à l'Angleterre, en 1858, dans la guerre que cette puissance fit à la Chine. C'est sur ce rocher que se fait en grand le négoce de cette drogue mortelle, dont l'importance atteint déjà annuellement le chiffre effrayant de 300 millions. Aussi le voyageur, encore sous le charme des souvenirs gracieux de Ceylan, est bientôt las d'être à tout instant heurté par une multitude de coulies affairés, et de ne voir que d'innombrables escouades de matelots ivres. Le croirait-on ? tout le bonheur de ces derniers consiste à s'enivrer et à danser, — sans femmes, — chez les marchands d'eau-de-vie de la rue *Victoria*, au son d'un violon qu'accompagne une grosse caisse. Le soir venu, l'étranger n'a d'autre ressource, pour éviter les ivrognes, que de rester à l'hôtel ; s'il ose s'exposer à leurs rudes rencontres, il verra la population flottante et sédentaire de l'île se porter en masse compacte, comme à une promenade ordinaire, vers les rues montantes où se trouvent les maisons d'opium et celles des plaisirs malsains. Chacun de ces taudis a ses fenêtres ouvertes, brillamment éclairées, et laisse échaper des jurons effroyables proférés dans toutes les langues ; les vibrations de gongs s'y unissent aux chansons nasillardes des beautés chinoises ; parfois des milliers de pétards tombent et éclatent en gerbes de feu sur la tête des promeneurs ahuris.

Je fus heureusement invité par un riche Anglais à dîner chez un restaurateur chinois en renom, et j'eus le très-rare privilége, dès le soir même de mon arrivée, de m'y rencontrer avec quelques hauts personnages de la société indigène. Ils vinrent à ce repas avec leurs femmes, et je vis arriver ces dernières en palanquin jusqu'au centre de la salle à manger. Elles étaient au nombre de cinq, et la moins jeune me parut avoir au plus vingt ans. Vêtues d'élégants et frais costumes en soie bleu clair, les têtes pourvues d'abondantes chevelures noires ornées de fleurs naturelles, elles me semblèrent, quoique beaucoup trop fardées, délicates, très-blanches et véritablement jolies. Placé à leurs côtés à table, je ne pus, à mon vif regret, échanger une seule parole avec elles, car la langue anglaise leur était inconnue et je ne parle pas chinois. D'ailleurs mon hôte m'avait prévenu d'être fort réservé dans les politesses mimées que je pourrais avoir à faire. Les palanquins stationnaient à la porte; à la moindre pointe de jalousie qui eût traversé l'esprit des maris, j'étais menacé de voir la salle à manger devenir déserte. Les Chinois avaient consenti à venir à cette partie en sachant que je quittais Hong-kong dans quelques heures. Pendant tout le temps que dura le repas, les femmes parlèrent peu; mais je les vis toujours le sourire aux lèvres, paraissant s'amuser beaucoup de mon embarras lorsqu'il me fallait goûter à quelque plat douteux, — quelque chose comme des cœurs de pigeons aux confitures de gingembre,

— boire de l'eau-de-vie de samchou dans des godets qui tiennent lieu de verres, et manger tout le long du dîner avec les baguettes en ivoire qui remplacent les fourchettes. Je ne vis aucune d'elles toucher aux viandes, et leurs doigts fins et déliés, gâtés par des ongles démesurés, — véritables griffes qui donnent à la main une apparence bestiale, — ne portèrent à leurs petites bouches que des sucreries parfumées et des graines de citrouille séchées. A la fin du souper, composé de trois services, pendant lesquels de la musique vocale et instrumentale se fit entendre, les Chinoises se levèrent, et alors, avec grand'peine, se soutenant par les mains aux chaises, aux murailles, elles rentrèrent, toujours souriantes, dans leurs riches palanquins. La dernière que je vis partir avait des pieds presque imperceptibles sous son pantalon de soie jonquille. Je la fis remarquer à un de mes voisins, un *céleste* [1] à la figure intelligente et d'une belle corpulence.

— *Very good for jealous husbands* (excellent pour les maris jaloux), me dit-il avec un gros rire.

— Cette difformité n'est donc pas un caprice de la mode ?

---

[1] Sobriquet qu'on donne aux fils du Céleste-Empire.

— Point du tout, et voici pourquoi. Lorsque dans une famille, riche ou pauvre, il naît une fille bien formée et dont les traits enfantins promettent d'être, à quinze ans, beaux et réguliers, les pieds de la petite créature sont, quelques mois après sa naissance, soumis à une compression vigoureuse. C'est la liberté d'aller, de courir hors de la maison, vous comprenez, qu'on lui enlève ainsi... Plus tard, les parents riches qui voudront honnêtement la marier, ou les parents pauvres qui espéreront richement la vendre, feront valoir aux yeux des prétendants cette privation de liberté.

— C'est hideux! m'écriai-je indigné.

— Oh! certainement à votre point de vue. Cependant, si vous aviez demandé sur ce sujet leur opinion à Hataï, Fatma, Atoï, Atchaï et Loï, qui étaient ici à dîner, elles vous eussent toutes répondu qu'elles ne regrettaient pas les conditions actuelles de leur existence. Si elles n'avaient pas été préparées ainsi à être vendues aux plus riches d'entre nous, elles travailleraient aux rizières comme des bêtes de somme, ou elles passeraient leur vie sur l'eau, dans les golfes, en mer avec des pirates, à ramer en rivière sur les sampans comme le plus malmené de vos matelots.

— Comment se font ces marchés?

— A l'aide de courtiers et par contrats bien en forme. Justement j'ai là en poche un acte par lequel je suis devenu aujourd'hui même propriétaire d'une jeune fille de Shang-haï. Voulez-vous que je vous le traduise ?

Et il me montra le contrat dont voici le texte :

« En raison de la pauvreté de ma famille, je consens à vendre ma fille, âgée de quatorze ans, à Tu-won-lan-hi, afin qu'il en dispose et prenne soin. Le vingt-quatrième jour de la sixième lune, j'ai reçu pour sa valeur en payement complet la somme de quatre-vingt-cinq piastres (450 francs).

« Le vingt-quatrième jour de la sixième lune de la dix-huitième année de Hien-tung (9 août 1813).

« Ont signé :

« THANG-TING, père de la jeune fille.

« Madame YAP-TANG-KO, entremetteuse.

« TCHEN-TCHEN-TCHANG, écrivain chargé de la rédaction de l'acte de vente. »

— Ainsi donc, lui dis-je en lui rendant le titre de possession après en avoir copié le texte, vous pouvez avoir autant de femmes qu'il vous convient d'en acheter ? En Égypte, du moins, dans un pays où la polygamie est trouvée tout aussi naturelle que chez vous, le nombre des femmes esclaves qu'il est permis de s'approprier est restreint. Avant de se donner le luxe coûteux d'un sérail, il faut presque prouver que l'on est assez riche pour l'entretenir.

— Ici nous n'avons pas de restriction semblable ; mais je ne vous ai pas tout dit sur ce sujet. En dehors des femmes achetées souvent pour satisfaire plutôt notre orgueil que nos plaisirs, nous avons encore celle qu'en Europe vous appelez *a wife*, une épouse. Celle-là est privilégiée et a le pas dans nos intérieurs sur toutes ses compagnes ; leurs enfants ont seuls le droit légal d'hériter de la fortune des pères, ce qui n'est pas sans importance. Quand vous nous connaîtrez mieux vous verrez que s'il y a de l'immoralité dans nos mœurs, la faute en est à ceux qui l'ont perpétuée en Chine de siècle en siècle, depuis l'âge biblique, sinon plus tôt. Vous vous rappellerez, avant de nous condamner entièrement, que nous vivons de traditions et que la nouveauté nous fait horreur.... Il y a quelques années, l'ami qui nous donne à dîner ce soir me mit en communication avec un pasteur protestant fraîchement débarqué d'Angleterre et dévoré du désir de faire des prosélytes. Par politesse, je voulus bien l'écouter pendant quelques jours et accepter de ses mains une Bible anglaise. Je me mis à la lire avec la plus loyale attention. Tout étonné, d'abord, d'y trouver que le monde était si jeune lorsque j'avais appris par nos bonzes qu'à l'époque où Abraham naquit, la Chine était déjà vieille, je me décidai à mettre le livre de côté en voyant qu'aux premiers âges la famille était à peu près organisée comme elle est aujourd'hui encore en Chine depuis quatre mille ans.... J'ai bien fait, n'est-ce pas, puisque je ne devais apprendre rien de nouveau?

— Je ne pense pas du tout comme vous; il fallait aller jusqu'à la fin, et lire surtout les évangiles. Vous auriez appris en les lisant que le rôle de l'homme n'est pas de vivre dans la bestialité et l'immobilité; que la mission de la femme est toute différente de celle qui lui est réservée en Chine; vous ne la traiteriez pas en bête de somme et en prostituée selon votre propre aveu, ou, comme l'assurent nos missionnaires français, vous ne jetteriez pas à la voirie celles que vous ne vouez pas à la prostitution.

A peine avais-je dis ces mots que je vis mon interlocuteur pâlir, mordre ses lèvres, et frappant avec sa main sur la table :

— Où avez-vous vu à Hong-Kong, s'écria-t-il, des enfants jetés aux égouts? Répondez!...

— Nulle part dans votre ville, non plus qu'à Singapour et à Pulo-Penang où vos compatriotes sont très-nombreux ; mais ne connaissez-vous aucune grande cité de votre empire où se fasse cet horrible abandon ?

— Aucune, me dit-il en s'animant de plus en plus, et vos missionnaires sont des ignorants. En osant affirmer, sans l'expliquer, une telle barbarie, ils n'ont pas voulu, dans la crainte d'inquiéter leur conscience ou de nuire à leurs intérêts, voir et apprécier tout ce qu'il y a de faux et de vrai dans cet abandon de nos enfants. Il a lieu, c'est malheureusement vrai, à certaines époques, avant les récoltes et dans certaines provinces de notre vaste pays.... Mais savez-vous ce qui autorise vos prêtres à crier du haut de leur chaire cette infamie, à nous faire passer pour des êtres dénaturés, au-dessous de la brute ? C'est qu'il s'abat parfois, sur notre immense population de quatre cents millions d'âmes, des fléaux épouvantables, inouïs ; le choléra et la peste sont les moindres, mais le plus fréquent, celui qui nous frappe tous les ans tantôt au nord, tantôt au sud, à l'est comme à l'ouest, c'est la famine ! Que le riz vienne à manquer dans un de nos districts par suite d'une sécheresse trop grande, et tout de suite, voilà vingt, trente, cinquante millions d'hommes exposés à mourir de faim, s'ils ne se portent vers les districts où règne l'abondance, et si de prompts secours ne leur arrivent en quantité suffisante. Nous n'avons pas comme vous, songez-y bien, des relations rapides et faciles de contrées à contrées, une flotte immense à vapeur pour les faciliter; parcourez toute la Chine, vous ne trouverez pas un pouce de voie ferrée…. Aussi qu'arrive-t-il? ce qui arriverait à Hong-Kong, une île, si elle était hermétiquement bloquée. Les malades, les vieillards, les enfants mourraient après un certain temps; si quelques uns de ces derniers plus robustes survivaient, leurs mères seraient bientôt forcées de les rejeter avec horreur loin de leurs seins desséchés. Vous verriez alors les hommes valides réduits à manger ce qu'on nous accuse de manger avec délices, même aux époques d'abondance, des rats, des chiens, de la vermine dont vous ne nous faites pas grâce, à ce qu'on m'a assuré. J'ignore complétement l'histoire de la France, mais vous devez la connaître, vous. Jurez-moi qu'il n'y a jamais eu dans votre pays une circonstance où les mères n'ont pas été obligées de laisser leurs enfants mourir faute de chaleur ou d'aliments?.. Vous ne me répondez pas?.. C'est qu'alors ce cas terrible s'est présenté. Et maintenant, ne serais-je pas d'une insigne mauvaise foi, — tout en étant dans le vrai pourtant, — si, m'autorisant de votre silence, j'allais voyager en prêchant par toute la Chine que les mères françaises, comme les mères chinoises, jettent leurs enfants aux voiries !

J'ai vu Canton et les environs, j'ai navigué sur le grand fleuve auprès duquel cette ville est bâtie, je n'y ai rien vu qui pût révolter la nature. Je ne crois à l'abandon des enfants chinois que dans les cas extrêmes indiqués par mon interlocuteur de Hong-kong. On a dit que les enfants contrefaits étaient les seuls qui fussent exposés. Ce seraient donc ceux-là que les directeurs de l'œuvre de la *Sainte-Enfance* auraient fait recueillir ? Il n'en est rien. J'ai visité les écoles fondées par le père Burelle à Singapour; celle des jésuites et des lazaristes à Shang-haï; je n'y ai vu aucun être difforme. Les directeurs des Missions-Étrangères ont fait de l'abandon des petits Chinois un drame plein de larmes, qui émeut le cœur des mères françaises, et on sait que, lorsque leur pitié est éveillée, on peut leur demander de l'argent. C'est avec l'aumône considérable, recueillie centime par centime, qu'on dirige de France sur la Chine une foule de jeunes gens préalablement préparés à l'éventualité d'une affreuse destinée. Beaucoup y vont chercher le martyre; j'en ai connu plusieurs qui étaient de très-bonne foi; leur

pauvreté était flagrante, et leur exaltation sans
bornes, par conséquent dangereuse. Quelques-
uns, avec une permission spéciale des directeurs, s'occupent de voyages, de sciences naturelles, et produisent des travaux remarqua
bles; mais la majorité ne rêve que sacrifices et
conversions. Leur ardeur est si grande et si com-
promettante que parfois elle effraye les chefs. A
bord de l'*Achille*, un général lazariste me pria de
modérer le zèle d'un jeune Lyonnais, garçon intelligent, beau à ravir, mais dont l'idée fixe était
de mourir dans les tourments aussitôt son arrivée
en Corée. Tant de dévouement chez les uns,
tant d'habileté chez les autres ont-ils converti les
célestes? Pas le moins du monde. Les tueries
continuent, et la civilisation, la foi religieuse,
restent stationnaires en Chine, si toutefois elles
ne deviennent pas agressives, comme naguère
encore. Est-il donc si nécessaire d'entretenir ces
dangereuses missions avec un argent plus que
jamais précieux?

Qu'on y songe; depuis vingt ans, elles ont
tourné, ces missions, à la fin tragique de missionnaires et à la destruction du peuple chinois.
La guerre que nous leur avons faite n'avait d'autre but que d'être agréables aux Anglais et d'autre raison que celle de tirer vengeance de l'assassinat de quelques compatriotes lazaristes ou

jésuites. Qui peut assurer qu'ils n'ont pas outrepassé leur droit et été emportés par leur zèle ? Eux-mêmes pensaient-ils qu'en allant au-devant de la mort, ils condamnaient des milliers de leurs semblables à partager leur sort tragique ? Puisque la tendresse et la sensibilité jouent un grand rôle en tout ceci, il ne faut pas oublier que les missionnaires ont des mères qui les aiment assurément. Quand la nouvelle de leur fin violente arrive en Europe, qu'on songe à quel point ces cœurs maternels sont déchirés ? Qu'on se demande s'il ne vaudrait pas mieux éprouver la joie d'avoir conjuré un pareil déchirement dans une âme française que d'avoir l'hypothétique conviction d'avoir sauvé, — l'abandon volontaire des enfants chinois fût-il vrai, — un être inconnu et inconscient.

Si encore les directeurs des missions ignoraient combien les Chinois sont indifférents en matière religieuse, on les excuserait de rester impassibles en présence de ces sanglants sacrifices de leurs jeunes adeptes. Un apôtre moderne fort découragé m'a raconté à Sang-haï même comment les indigènes jouent avec leurs croyances.

— Plus d'une fois, me dit-il, un *céleste* à l'œil éveillé, au sourire presque railleur, soumis, rampant, se présente chez moi pour devenir chrétien catholique. Ravi de me voir en présence d'un sujet si bien disposé, je me mets à l'œuvre ; mais à la fin de chaque instruction mon disciple a le talent de se faire donner soit un chapelet de sapèques — monnaie du pays, — soit quelques fortes poignées de riz. Je donne selon mes ressources, croyant trop souvent à une détresse réelle ; mais, comme ces ressources sont restreintes, je finis par refuser, et presque aussitôt mon catéchumène disparaît. Que peut-il être devenu ? Il s'est rendu chez le missionnaire anglais, mon voisin, et lui a manifesté le désir de se faire chrétien protestant. Celui-ci, à son tour, commence l'instruction ; mais, plus pratique que moi, quoique plus riche, il met hors de chez lui par les épaules l'aspirant néophyte dès qu'il a formulé sa première demande d'aumône.

Le Kouang-toung, ce beau fleuve au cours impétueux qu'il faut remonter pour arriver à Canton, ne m'a laissé d'autres souvenirs, je l'avoue avec quelque honte, que celui du confortable déjeuner fait à bord du bateau à vapeur américain sur lequel j'avais pris passage. Les rives sont plates ; les forts du Bogue, détruits par nos canons unis aux canons anglais, sont trop misérables pour intéresser ; le paysage, en un mot, est triste, car c'est à peine si, dans ce parcours de trente lieues, deux ou trois pagodes qui se détachent du sol comme des asperges trop montées rompent la monotonie des collines riveraines. Les cultures en outre sont peignées de manière à faire tomber en extase le plus soigneux des jardiniers hollandais. Quand on jette l'ancre devant la ville, la pétulance et les cris des bateliers qui désirent vous conduire à terre vous réveillent en quelque sorte. Enlevé, au milieu de clameurs étourdissantes, tout en haut de l'échelle du bateau par une vigoureuse batelière, je me trouvai transporté et assis, je ne sais en vérité comment, dans son sampan, puis conduit en quelques coups de rames jusqu'à Hanam, chez un riche Chinois du nom de Chu-kian. Je lui avais été chaudement recommandé par une maison suisse de Hong-kong avec laquelle il était depuis longues années en relations d'affaires ; il parlait fort bien l'anglais, et il m'accueillit avec la plus parfaite hospitalité. Je lui dis que j'étais venu dans le seul désir de visiter la ville de Canton. Comme il était déjà trop tard pour nous y rendre, car il eût fallu traverser de nouveau le fleuve, il me conduisit dans une chambre de sa maison. Elle était meublée avec des fauteuils, des chaises et un lit sculptés en bois d'ébène de Tomkin ; j'étais donc chez un hôte riche et chez un homme de goût. Par discrétion peut-être, il me laissa dîner seul ; mais à sept heures du soir il vint me demander si je voulais faire une promenade en rivière et passer la soirée chez un de ses amis qui donnait une fête sur un bateau de fleurs. Je ne me laissai pas prier, et, sans plus attendre aussi, il dirigea son canot avec une adresse merveilleuse au milieu d'un nombre considérable d'embarcations, puis nous vînmes aborder sur les bas côtés d'une jonque qui se balançait sur son ancre au beau milieu du Kouang-toung. L'intérieur, tapissé d'étoffes en damas écarlate, était brillamment éclairé par une multitude de lanternes coquettes, au-dessous desquelles pendaient des cages en bambou remplies d'oiseaux ; d'autres supportaient des globes de cristal où jouaient des poissons rouges dont les queues dorées et les nageoires diaphanes étaient d'une longueur fantastique. Des nattes blanches, doubles, très-propres, tressées avec une finesse extrême, recouvraient le parquet ; de nombreuses portières en soie brochée, à demi relevées, laissaient entrevoir sur les côtés du bateau le mystérieux intérieur de quelques cabines. J'entrai dans l'un de ces réduits : j'y vis un lit en rotin sans matelas ni sommier, à l'usage des fumeurs d'opium, un oreiller, c'est-à-dire un cylindre en carton rouge verni, une fragile table en bambou, et sur cette table une pipe en métal et la petite lampe indispensable aux fumeurs. Au centre du salon, autour d'une table chargée de fleurs, de jeunes Chinois à figures pâles et l'éventail à la main, en compagnie de Chinoises richement parées, mais comme toujours trop fardées, prenaient le thé, chantaient ou grignotaient des sucreries. Je fus présenté à celui qui donnait la soirée ; c'était un homme d'apparence très-digne, ayant habité longtemps Hong-kong, où il avait appris quelque peu d'anglais. Je vis qu'il était fort désireux de remplir vis-à-vis de moi ses devoirs de maître du logis, mais ce n'était pas aisé.

— Que voulez-vous prendre? me dirent tour à tour mon hôte et mon introducteur.

Une envie bizarre me traversa le cerveau, et je répondis que je désirais fumer de l'opium.

— Entrez alors dans cette cabine.

— Il frappa des mains; un domestique accourut, qui mit sur la table une pipe chargée de la drogue stupéfiante, plus un récipient qui en contenait une certaine quantité.

— Je vais vous envoyer aussi un peu de thé dans le cas où l'opium ne vous plairait pas ; je suppose que c'est la première fois que vous en fumez?

Le thé servi, Chu-kian et le domestique se retirèrent en laissant tomber derrière eux la portière soyeuse. Dès que je fus seul, je fumai une première pipe dont je trouvai le goût détestable. Je m'étendis sur le lit, je posai ma tête sur l'oreiller, c'est-à-dire sur le rouleau dur et glacé qui en tenait lieu, et je fermai les yeux. Après quelques minutes de méditation, sentant un malaise soudain m'envahir, je regardai éperdument autour de moi. Apercevant l'ouverture d'un sabord, je mis ma tête au dehors afin de rafraîchir mon front qui brûlait; mais la vue de l'eau noire du fleuve clapotant tristement à mes oreilles me fit mal. Je me recouchai, persistant dans ma fantaisie. Au bout d'un quart d'heure, ayant fumé deux nouvelles pipes et pris deux tasses de thé, je sortis de ma cabine sans trop avoir la conscience de ce que j'éprouvais. J'étais comme un homme frappé de vertige et sous le coup d'un atroce mal de mer.

— Où êtes-vous, Chu-kian? m'écriai-je en faisant irruption dans le salon. Le jeune garçon qui m'avait servi et mon amphitryon accoururent auprès de moi, et me montrèrent dans l'intérieur d'un fumoir, tout aussi mystérieux que le mien, mon hôte de Hanam dans un état que je n'oublierai jamais. Sa face était blême; ses yeux démesurément ouverts regardaient avec une expression d'effroi dans le vague; sur sa figure pâle ruisselait une sueur visqueuse.

— Mais réveillez-le donc! dis-je à ceux qui m'entouraient.

— Non, non. Laissez-le tranquille; vous lui feriez plus de mal en le réveillant qu'en le laissant poursuivre son rêve.

Comme j'avais hâte de prendre le grand air, je crus ne pas devoir insister; je hélai notre canot, et, me faisant reconduire chez mon hôte, je renvoyai l'embarcation à la jonque. Le lendemain matin, Chu-kian se présenta pâle, défait, ayant l'aspect cadavéreux des jeunes gens que j'avais vus la veille.

— Êtes-vous encore malade? lui demandai-je, inquiet. Avez-vous fait comme moi un essai malheureux?

— Je ne souffre plus, mais je n'en suis pas comme vous à mes débuts; je suis un fumeur endurci. Cet aveu, croyez-le bien, est pour moi une véritable punition. Cela ne me corrigera malheureusement pas plus que l'ivresse épouvantable que j'ai éprouvée hier soir.

— Tout n'est donc pas couleur de roses dans vos extases?

— Certes non. On a bien vite traversé la période des rêves heureux, et la souffrance que l'on endure par la suite les rachète et au delà. Je ne devrais plus fumer, me direz-vous; mais dites aux joueurs de ne plus faire sauter les dés, à l'ivrogne de ne plus boire... Toujours l'espoir, quelquefois réalisé, de voir revenir les premières impressions nous entraîne à de nouvelles tentatives.

— Je vous raconterais bien, lui dis-je en riant, ce que j'ai éprouvé hier; pourriez-vous en faire autant?

— Pas en ce moment; le souvenir, quoique vague, de mes visions me remplit encore trop de terreur pour qu'il me soit possible de les évoquer froidement. Sachez seulement ceci : c'est que, lorsqu'il arrive à la période des rêves furieux et sinistres, le fumeur d'opium a peu d'années à vivre; quelle que soit aussi l'assurance qu'il a d'être tué par cette drogue infâme, il ira s'étendre jusqu'à sa dernière aspiration, jusqu'à épuisement de sa dernière piastre, sur les lits des maisons où l'on fume. Hier, j'aurais pu me dispenser de vous conduire à cette fête ; mais votre qualité d'étranger curieux a été un prétexte tout trouvé que j'ai donné à ma passion : dès que j'ai cru que vous vous endormiez dans votre cabine, il m'a été impossible de ne pas aller me jeter à côté de vous dans une autre, afin d'y fumer pour mon propre compte.

Voyant que mes questions lui faisaient de la peine, je le priai de me conduire dans l'intérieur de Canton. Son embarcation nous transporta sur l'autre rive, en face d'une des portes autrefois fortifiées de la ville ; là, deux chaises à porteurs, soulevées par deux coulies vigoureux et précédées par un homme de confiance appelé *compradore*, nous menèrent, les premiers courant, le second criant à tue-tête, dans un dédale de rues étroites, où chaque maison était invariablement émaillée d'enseignes verticales ; cela égaye les rues d'une façon extraordinaire, surtout lorsque le soleil joue sur ces belles laques noires et rouges à grandes lettres d'or. C'était le quartier marchand, et ici, comme en Europe au moyen âge, chaque quartier a son industrie propre. Celui des savetiers m'a paru le plus peuplé, quoique celui où l'on trouve des cercueils de toute grandeur et de toute longueur ne soit pas sans importance. A la nuit, les rues se barrent à l'aide d'énormes bambous, et le bon Chinois s'endort sur ses oreilles comme le bon bourgeois de Paris s'endormait autrefois dès que les chaînes des rues étaient tendues, et que la cloche des églises avait sonné le couvre-feu.

Canton est complétement abandonné par les étrangers, et son ancienne prospérité commerciale n'existe plus. Quelques résidents européens, représentants des maisons de Hong-kong, vivent encore au nombre de dix ou douze à Hanam, mais on les voit rarement en ville. Chu-

8.

kian m'assure que je dois être en ce moment le seul diable rouge, *red devil*, en promenade à Canton. Je lui demande pourquoi il m'appelle ainsi?

— Quand les Anglais vinrent ici pour trafiquer en Chine, et que nous vîmes leur âpreté au gain et leurs têtes invariablement décorées de cheveux écarlates, nous leur donnâmes ce nom, qui est appliqué aujourd'hui à tous les étrangers.

Nous allâmes visiter la place déserte où se trouvaient autrefois les factoreries, les comptoirs, les docks magnifiques, qui, brûlés par les Chinois pendant la guerre avec les Anglais, ne se sont jamais relevés, pas plus que le trafic qui s'y faisait. A côté, on peut voir l'endroit du quai où le féroce mandarin Yeh fit tomber dans les eaux du Kouang-toung 100,000 têtes de rebelles. Un Hollandais, qui se trouvait encore aux factoreries à l'époque où se firent ces exécutions, m'a dit que, n'ayant pas d'autre passe-temps, il contemplait de ses fenêtres le sang-froid incroyable des victimes. A genoux, au bord du quai, elles attendaient, impassibles, le coup de glaive; j'avais eu l'idée, au début, me dit-il, de leur envoyer par mon domestique quelques boîtes de cigarettes pour adoucir leurs derniers moments; mais je me serais ruiné à ce métier-là, car leur nombre augmentait chaque jour.

Je suis resté huit jours à Canton, et cela suffit pour visiter l'intérieur de la ville, ses environs, la concession française, où se lit encore le nom des rues *de la Fusée*, *de la Dordogne* et *de la Charente*. Il faut voir le jardin de Fatim, dont chaque arbuste représente un animal fantastique, la pagode aux cinq étages, dont un boulet anglais a brisé la cloche, enfin le temple des cinq cents génies, bonshommes à figures rieuses, à larges bedaines dorées, — signe certain en Chine de grande aristocratie. Chu-kian m'apprit que chacun de ces grotesques représentait l'image d'un Chinois célèbre aux époques primitives dans les arts, les sciences ou la philosophie. C'est ce que nous appellerions en France un panthéon.

Les amateurs de bric-à-brac en seront ici pour leurs frais; la recherche des porcelaines anciennes, des vieux bronzes, des émaux cloisonnés, est infructueuse; depuis douze ans que Canton est ouvert, beaucoup d'amateurs ont passé par là, et les prix exigés pour ce qui s'y trouve encore sont aussi élevés qu'à Paris. Il ne faut pas cependant se priver du vif plaisir de fureter dans les boutiques. Dans toutes celles où vous entrerez, l'accueil des Chinois sera, quoique cordial en apparence, empreint d'une politesse défiante; mais, si vous acceptez la tasse de thé qu'ils ne manqueront pas de vous offrir, vous les rendrez heureux. Sommes-nous bien en droit d'attendre de ce peuple toujours maltraité, par nous une réception simplement polie? Non, certainement; nous avons dévasté ses palais, forcé ses murailles, aidé les Anglais, ses durs ennemis, dans une guerre inique, et, enveloppés dans la haine qu'ils inspirent, nous avons dû recourir pour nous défendre à de sanglantes représailles. Aussi dans cette ville de Canton si remplie de bruit et d'éclats de rire, le nom français ne peut être prononcé sans raviver de terribles souvenirs. Qu'on en juge.

C'était en 1858; à Hong-kong régnait une vive terreur. Les boulangers indigènes, pour se défaire en un seul jour des Anglais, avaient, d'un commun accord, empoisonné leur pain. Plusieurs résidents périrent, et ceux qui échappèrent durent leur salut à ce que les boulangers, plus haineux qu'habiles, mirent dans leur farine une trop forte dose d'arsenic. A Canton, les étrangers ne pouvaient s'éloigner des factoreries sans risquer d'être assassinés; les immenses docks furent détruits par le feu. Tous les matins, les escadres alliées en rade dans le port envoyaient des hommes dans la cité, jusqu'à cette époque interdite aux Européens, pour approvisionner la table des officiers; il était rare que tous les deux ou trois jours un Anglais de service ne manquât pas à l'appel. Par une curiosité fatale, il se laissait isoler de ses camarades, puis alors, saisi par des soldats chinois, des *braves*, comme ils s'intitulent, l'imprudent était massacré en pleine rue. En vain l'amiral de la flotte anglaise menaça de représailles les autorités de Canton, en vain il réclama la punition des coupables, rien n'y fit; les assassinats continuaient. Un jour, cinq ou six hommes d'une frégate à vapeur française descendirent à terre; au détour d'une rue, l'un d'eux disparut; on le retrouva décapité. Quand ce crime fut connu à bord de la frégate, le second, — et c'est de sa propre bouche que je tiens ce récit, — réunit aussitôt cinquante hommes de bonne volonté, les arma de revolvers et de haches, et descendit avec eux à terre. Arrivée à la rue où le crime avait été commis, la troupe en ferme les deux issues, puis on fouille les maisons, et l'on tue les habitants. Un seul échappa; ayant essuyé sans être atteint dix coups de feu, il n'en cheminait pas moins sur la voie sans hâter son pas et sans regarder derrière lui. « Je le fis épargner, me dit l'officier, émerveillé de tant de courage. Je courus sur lui, et, lui frappant avec la paume de ma main un rude coup sur l'épaule, je vis cet homme étonnant me regarder avec un pâle sourire, et sans que je sentisse sous mon étreinte brutale un seul frisson agiter son corps. J'essayai de lui faire comprendre mon admiration; il parut s'en soucier très-peu, je dois l'avouer. Je me hâtai de le confier à deux de mes hommes qui empêchèrent qu'on ne lui fît aucun mal. » Depuis ce jour, à la suite de cette effroyable punition, blâmée énergiquement, il faut le reconnaître, par la presse anglaise de Hong-kong et de Shang-haï, les étrangers peuvent s'aventurer, même seuls, dans les rues de Canton.

Chu-kian, qui n'avait pas interrompu ses visites aux maisons d'opium lorsque je lui fis connaître mon désir d'aller à Macao, m'offrit de m'y faire conduire par le fleuve et par la mer. Il mettait à ma disposition une de ses embarcations pontées pouvant très-bien tenir la mer; il voulut même, pour plus de sûreté, choisir en personne l'équipage.

— Ce sera un voyage de dix heures, me dit-il, si, comme tout le fait supposer, en sortant du Kouang-toung, le vent ne vous est pas contraire.

J'acceptai. Pour le remercier, je lui donnai, avec un objet d'Europe, le bon conseil de briser ses pipes. Il promit tristement, mais sans énergie. Au départ, Chu-kian donna des fusils à l'équipage composé de six hommes. Il me recommanda de ne pas éveiller la cupidité des pirates en me montrant hors de ma cabine, si au large nous rencontrions des jonques suspectes ou des bateaux pêcheurs.

— Ces derniers se reconnaissent aisément, me dit-il, à leur usage de se réunir par groupes de trois ; ils peuvent, grâce à cette organisation, se porter mutuellement secours en cas de gros temps, ou se transformer de pêcheurs en pirates, si l'occasion est jugée propice à un coup de main.

Le voyage se fit sans incident, et la mer jusqu'à mon arrivée fut tout à fait calme. L'équipage ne me donna ni crainte ni ennui. J'avais d'ailleurs gardé auprès de moi toutes les armes, placées au départ dans la chambre qui m'était réservée et où j'aurais pu m'enfermer en cas d'attaque. Je débarquai à Macao par un soleil splendide sur la plage sablonneuse appelée *Praya-grande*. En face s'élève la ville ; sur les hauteurs, on distingue quelques villas, résidences d'été des riches négociants de Hong-kong. La rade, fort belle, est dominée d'une façon pittoresque par de grands massifs de verdure, des rochers abrupts, dans la solitude desquels Camoëns acheva ses *Lusiades*.

J'ai déjà dit plus haut mon opinion sur les métis des colonies portugaises d'Asie : ce n'est point ce que j'ai vu à Macao qui la modifiera. Où trouver en effet une population native plus laide, plus entièrement livrée à la prostitution, un clergé plus ignorant, un commerce plus ténébreux et moins avouable? Un drapeau tricolore flottant sur un hôpital français où sont soignés les marins malades de notre station de l'Indo-Chine semble protester fièrement contre tant de bassesse. Les sœurs de charité venues jusqu'ici de France pour parler de la patrie au matelot mourant, attestent pourtant journellement aux Macaistes, qu'il est encore au monde un autre amour que celui de la piastre, et d'autres ivresses que celles de la débauche.

Je viens de raconter la tuerie qui eut lieu dans une des rues de Canton, les hécatombes du mandarin Yeh, et voilà que je vais être forcé de nouveau, et tant que je serai en Chine, de relater presque à chaque page des scènes lugubres. Ce n'est pas, quoique l'on en soit convaincu, pour offrir au lecteur des récits hauts en couleur, mais il faut bien qu'on sache comment l'Europe se comporte avec ce peuple auquel on s'intéresse, sans l'aimer ni l'estimer, lorsqu'on le connaît mieux et qu'on l'étudie chez lui. Il faut montrer combien ces malheureux Asiatiques ont le droit de se défier de nous, combien était naturel en eux cet instinct de conservation qui leur faisait si fort redouter de voir leurs murailles, éventrées par nos canons, laisser pénétrer chez eux, comme un flot dévastateur, l'opium et les traitants avides. On doit comprendre la colère qu'ils ressentent lorsqu'ils voient des étrangers de toutes les nations, Portugais, Espagnols, Anglais, Français, venir sous un prétexte religieux s'immiscer dans leurs affaires intérieures. Déjà une fois les jésuites avaient eu une grande prépondérance dans l'extrême Orient, principalement à Pékin, à Siam, au Japon et aux îles Philippines. Ces religieux furent cependant invariablement chassés de ces colonies après y avoir joui d'une influence considérable ; il faut bien croire que ce n'est pas seulement pour avoir prêché la parole de Dieu. Les hauts fonctionnaires chinois ne peuvent se décider à reconnaître un caractère sacré aux missionnaires ; pour eux, ce sont des ennemis ; ils ne sont retenus que par la crainte de nos canons, toujours au service de ces émissaires religieux.

Et maintenant suivez-moi dans l'intérieur de ce sombre logis, assez semblable à une lourde construction vénitienne. Pénétrez, si vous l'osez, dans cette cave humide et obscure. Que voyez-vous derrière les énormes barreaux en bambou de cette cage immense ? Des hommes. Ils sont à peine vêtus d'un caleçon et d'une veste en cotonnade bleue sans manches. Couchés sur un sable gris où pullulent les poux de terre, les puces de mer, les cancrelats et des myriapodes de la plus dangereuse espèce, ils attendent leur embarquement pour les chaudes contrées où aujourd'hui le coulie remplace l'esclave africain. La traite, car c'est bien la traite, n'a changé que la couleur de la marchandise. On a trouvé ces malheureux dans quelques districts ravagés par la famine, sur le talus de quelque rivière desséchée; avec le seul appât d'un bien-être immédiat, d'un gai séjour à Macao ou à Canton, on leur a fait signer un contrat qui les lie pendant six ans à un planteur inconnu. Lorsqu'arrive le jour du départ, un agent consulaire vient constater officiellement que les engagés s'en vont de leur plein gré. Ils peuvent, il est vrai, refuser de s'embarquer; mais comme ils sont endettés, et ne doivent être mis en liberté qu'après le remboursement de l'argent qu'on leur a prêté, ils préfèrent cent fois le grand air à une prison rendue sans doute affreuse à dessein. On leur a dit aussi que La Havane, le Callao, et les autres colonies vers lesquelles ils seront dirigés, ne sont qu'à cinq ou six jours du port d'embarquement, et que le voyage ne sera qu'une promenade hygiénique excellente pour leurs poitrines affaiblies par les privations. Ils partent et s'étonnent dès leur arrivée à bord de se voir enlever leur tabac, leurs pipes, les couteaux. Ils sont naïvement surpris de se voir entassés trois ou quatre cents dans un entre-pont obscur et sans air; ils peuvent, il est vrai, ss promener sur la dunette par escouades, mais il faut que le temps soit fort beau; comme ils sont entourés de matelots qui ont des fusils chargés et des figures menaçantes, ils ne se sentent pas complétement heureux. Qu'un gros temps arrive, oh! alors, ils ne doivent plus sortir, et ils étoufferaient dans leur prison, si du haut du grand mât ne tombait au milieu d'eux une longue manche en toile, conductrice d'un air ardemment aspiré. Trop souvent alors la nostalgie et le désespoir font des ravages dans leurs esprits. Ils préparent silencieusement leur révolte et se soulèvent en masse, avec fureur. Ils cherchent à surprendre l'équipage : s'ils réussissent, ils le masssacrent; dans le cas contraire, beaucoup d'entre eux succombent. On en tue le moins possible cependant, car chacun des révoltés représente une assez grande valeur.

Quelques-uns de ces infortunés, — plus pacifiques, âmes pieuses qui croient en Bouddha, en la consolante transformation de la métempsycose, — font tranquillement un petit paquet de leurs pauvres hardes, se l'attachent sur le dos, disent au revoir à leurs compagnons, et se laissent glisser sans bruit à la mer.

— Que sont devenus les hommes absents? demande à l'heure de l'appel le subrécargue; lanterne en main, il vient de fouiller tous les recoins du bateau.

— Ils sont retournés en Chine, répond naïvement un des compagnons. Hier, dans la nuit, ils ont passé par le sabord, et sans doute en ce moment ils sont heureux au milieu des leurs.

Imaginez la colère du traitant! c'est pour lui une perte sèche de 500 francs par chaque homme disparu. Il fait appeler le charpentier, et lui ordonne de poser de forts barreaux en fer à tous les sabords, à tous les endroits d'où un homme peut se glisser à la mer. On ne fera plus de promenades sur le pont; à dater de ce jour, les déportés ne pourront plus respirer ou contempler l'horizon qu'à travers des grilles.

En 1858, un grand clipper américain, chargé de coulies à destination de la Havane, arrivait en rade de Manille. Le capitaine, quelques jours après son départ de Chine, s'était aperçu que l'eau qu'il avait embarquée serait insuffisante, et il avait fait relâche pour se procurer un supplément de quelques tonneaux. En voyant jeter l'ancre, les Chinois, auxquels on dit toujours que la traversée est courte, se crurent rendus au terme de leur voyage; les senteurs parfumées de terre arrivaient jusqu'à eux, les enivraient, et ce fut avec une angoisse indéfinissable qu'ils virent descendre sans eux le capitaine sur le quai. Après quelques heures d'attente, ils entourèrent le second et lui déclarèrent qu'ils allaient le jeter à l'eau, si on ne les débarquait pas tout de suite. L'équipage, averti, s'arma, dégagea le second, fit feu sur les mutins, les refoula à coups de sabre dans l'entre-pont, et ferma les écoutilles, qu'il fit clouer ainsi que les sabords. Le thermomètre marquait en ce moment à l'ombre, dans les rues de Manille, 40 degrés centigrades. Les Chinois, dont les voix arrivaient à peine sur le pont, disaient sans doute qu'ils étouffaient... On se garda bien d'aller y voir, et bientôt un silence lugubre, troublé à de rares intervalles par un cri déchirant, s'étendit sur le bateau. Par malheur, le capitaine passa toute la journée et la nuit à terre; invité chez un riche Espagnol du pays, il s'y amusait à voir danser, en leur costume léger, les belles créoles nonchalantes de Manille. Le lendemain matin, à peine eut-il mis le pied sur le pont de son navire, qu'il s'effraya du silence qui y régnait.

— Ils boudent, vos Chinois, ou bien ils dorment, lui dit le second tranquillement; hier, ils ont voulu sauter à terre, se croyant arrivés; je les ai refoulés dans la cale, où ils sont bien sages à présent. *All is right.*

Le capitaine, plus expérimenté, comprit tout. Il se jette à coups de hache sur les cloisons, les brise tout en criant à ses hommes de l'imiter. Quand l'air pénétra dans les flancs du clipper et en chassa les buées suffocantes, il était trop tard depuis longtemps. Ils trouvèrent les 300 Chinois asphyxiés, et celui qui écrit ces lignes les a vus, avec toute la population indignée de Manille, déposés sur la plage de Cavite au moment où une fosse commune, remplie de chaux, allait les réunir tous. Le second, après quatre mois de prison préventive, fut, ainsi qu'une partie de l'équipage, condamné à un mois de réclusion. Le capitaine repartit quelques jours après avec son navire pour Canton, afin d'y renouveler son infâme chargement.

VI

Shang-Haï. — Le Comptoir d'escompte de Paris. — Le généra
San-Ko-Lin-Sin mort ou victorieux. — Le meurtre de M. Fontanier, consul de France à Tien-Sin. — Débordement inévitable
de la race chinoise sur l'Europe. — Le mandarin de race. — Le
thé tel qu'il doit être pris.

Lorsque j'arrivai sur l'immense estuaire où se trouve le port de Sang-haï, il n'y avait pas plus de cinquante-sept jours que je m'étais embarqué à Southampton sur le *Ripon*. On a toutes les peines du monde à s'imaginer qu'on a vu en si peu de temps un tel nombre de pays différents et de races diverses. Cette surface terrestre, dont vous venez de franchir la moitié, vous apparaît soudainement pour ce qu'elle est en réalité, un théâtre bien réduit pour les exploits que nous avons l'orgueilleuse prétention d'y accomplir. Vues à cette distance, les ambitions de quelques individualités audacieuses d'Europe, nos grandes tueries d'hommes, décorées du nom de guerres par des rois impies, thugs couronnés, se réduisent aux petites proportions de la scène étroite où elles se passent. Autrefois l'action ou le rayonnement de tous ces faits ne s'étendait pas beaucoup au-delà des points qui les voyaient s'accomplir. La fondation, au XIIe siècle, du vaste empire de Gengis-Khan, empire qui dominait de la mer Caspienne à la mer de Chine, n'a pas plus troublé l'Europe que les victoires et conquêtes de Napoléon Ier n'ont troublé l'Asie au XIXe siècle. Il n'en sera plus ainsi aujourd'hui, grâce à la vapeur, à l'électricité surtout, qui peut parcourir le monde en quelques heures, lui apporter la paix ou la guerre, la fortune ou la ruine, la nuit ou la lumière. En nous connaissant mieux, nous devenons chaque jour plus solidaires les uns des autres, et cela est vraiment heureux, car si une secousse qui aura son origine en Occident doit ébranler aussi l'Orient, peut-être y regardera-t-on à deux fois avant de la donner. Plus les rapports entre les peuples seront fréquents et rapides, plus peut-être l'humanité s'approchera, malgré des déceptions terribles et en dépit de ce qui paraît nous en éloigner, du but mystérieux qu'elle cherche douloureusement depuis tant de siècles.

Toutes ces réflexions naissaient à la fois dans mon esprit en me trouvant au milieu de l'activité prodigieuse, mais pacifique, qui règne sur les quais de Shang-haï, au milieu des innombrables balles de soie et des caisses de thé que je voyais embarquer pour l'Occident sur la rivière Houang-pou et rejoindre la mer par le Fleuve-Bleu, le Yang-tse-kiang. Ici se fait la grande exportation de ces produits du Céleste-Empire ; elle s'élève annuellement à 40,000 balles de soie et à 50 millions de livres de thé ; d'ici partent encore les émigrations « libres » des Chinois pour la Californie.

Le croira-t-on ? à Shang-haï, comme à Hong-kong, comme à Canton, vous chercheriez vainement plusieurs maisons françaises de quelque importance. Ce que nous y avons désigné par les mots d'intérêts français n'a été que des intérêts suisses et même allemands. A Hong-kong, c'est un Suisse qui a visé mon passeport. En revanche, on trouve ici une succursale du Comptoir d'escompte de Paris, une agence des bateaux à vapeur des *Messageries françaises* et un consul. Les deux établissements tiennent très-bien leur rang, le premier à côté des banques anglaises, le second côte à côte avec la célèbre compagnie de navigation anglaise *l'Orientale et péninsulaire*.

Lorsque à Shang-haï éclata le contre-coup de la

crise cotonnière, beaucoup de banques anglaises, américaines, un nombre infini de maisons de commerce des deux nations, firent d'effroyables banqueroutes ; presque seul, le Comptoir d'escompte français offrit un exemple de solidité qui l'a placé de plain-pied au premier rang des institutions financières dans l'extrême Orient. Quand ces désastres commerciaux eurent lieu, la confiance des riches Chinois dans la bonne foi des comptoirs anglo-américains était illimitée : les Chinois leur faisaient des crédits dont nous n'avons aucune idée en Europe ; depuis ces jours néfastes, la méfiance a remplacé les avances sans garanties. Il en sera longtemps ainsi ; car le *céleste,* de même que le Juif, ne revient pas aisément vers celui qui a lésé ses intérêts. Il est vraiment dommage qu'il n'y ait pas ici un plus grand nombre de maisons françaises pour profiter du crédit qui leur serait accordé par notre heureux comptoir. A qui la faute ? A notre manque d'initiative, à notre crainte exagérée de passer les mers, à l'insuffisance de plusieurs de nos agents consulaires[1]. C'est à

[1] Ce n'est pourtant pas à celui d'entre eux qui fut un de nos premiers consuls à Shang-haï, M. de Montigny, qu'il faudrait adresser ce dernier reproche. Les souvenirs qu'il a laissés de son zèle pour y attirer les Français, ses efforts pour faire de ce port une possession française, sont encore présents à la mémoire des anciens résidents.

peine si ces fonctionnaires daignent répondre aux malheureux qui s'adressent à eux ; s'ils le font, c'est pour déclarer qu'ils sont agents diplomatiques et non commerciaux ; ce titre leur paraît probablement peu honorable ou du moins dénué de prestige. Tout au contraire, les Anglais en sont fiers. Le jour où le commerce voudra être bien renseigné, recevoir de nos consuls à l'étranger des données commerciales comme celles que les consuls envoient au *board-trade* d'Angleterre, il n'aura qu'à demander, à côté des postes diplomatiques, l'établissement d'agences commerciales. L'obtiendra-t-on jamais ?

Quelques mois après ma rentrée en France, le hasard me conduisit à une séance du corps législatif ; c'était le jour où l'honorable député d'une de nos villes maritimes interpellait à ce sujet un de nos ministres des affaires étrangères. « Je reçois de plusieurs commettants, disait le député, des plaintes sérieuses et qui me paraissent fondées sur la manière inqualifiable dont quelques agents à l'étranger accueillent ceux de nos nationaux qui viennent leur demander aide ou conseil. Je demande qu'une enquête soit faite, et que des instructions soient adressées à qui de droit, afin de faire cesser au plus vite un pareil état de choses. » Le ministre se leva indigné de son banc, et invoquant le témoignage du ministre de la marine, qui opina aussitôt du bonnet, il fit l'éloge, sans aucune exception, des fonctionnaires dont on se plaignait. Ce jour-là, je regrettai de ne pouvoir être en mesure de répondre à un ministre, afin de pouvoir réfuter par de nombreux exemples ce que j'avais entendu dire avec autant de dignité que peu de justesse. Il faut que ce haut personnage ne se soit jamais trouvé dans la douloureuse nécessité de se présenter dans une lointaine agence consulaire, soit, comme moi, en qualité de naufragé, soit simplement à titre de Français désireux de suivre une carrière à l'étranger.

Quelque temps avant la guerre qui fit flotter jusqu'à Pékin les couleurs françaises, — on verra avec quel avantage pour nous, — il eût été possible, en restant simples spectateurs de la lutte qui devait avoir lieu entre les Chinois et les Anglais, d'obtenir la concession de Shang-haï comme prix de notre parfaite neutralité. J'étais en Chine à cette époque, et plusieurs marchands chinois d'une importance réelle me l'ont assuré; mais cela ne faisait ni l'affaire des Anglais, ni celle des jésuites, pas plus que celle de leurs compétiteurs les lazaristes. Shang-haï ne suffisait pas à l'activité de ces deux derniers ordres, car, s'ils franchissaient certaines limites, la populace ameutée les chassait ou les lapidait. Il fallait que la Chine leur fût entièrement ouverte, afin de pouvoir fonder plusieurs nouveaux établissements et assurer à jamais, par un triomphe de nos armes sur les armées chinoises, la prospérité des églises catholiques de Han-kow, Kion-kiang et Chin-kiang. M. de Bourboulon, alors notre agent à Shang-haï, sa jeune femme, personne intelligente et liée intimement depuis longues années avec l'impératrice Eugénie, ne purent ou ne voulurent pas résister aux intrigues des pères ; un ordre, qui probablement était dû à une très-haute intervention, donna donc à notre marine et à nos troupes la mission d'aller attaquer les Chinois et de prêter notre concours aux Anglais. Armés d'engins perfectionnés, les alliés détruisirent à distance et partout où elle osa se montrer l'armée chinoise ; cette dernière en était encore, pour beaucoup de ses soldats, aux fusils à mèches, aux boucliers en bois couverts de figures fantastiques et aux flèches lancées avec des arcs d'une longueur démesurée. On devine si les *braves* furent vaincus, et leur général San-ko-lin-sin, qui jusqu'à ce jour les avait toujours conduits à la victoire lorsqu'il s'agissait de combattre des taï-pings, s'ouvrit comme chacun sait résolûment le ventre après la défaite : « Si je suis vaincu, on ne me re-

7.

verra jamais vivant à Pékin, avait-il écrit à l'empereur. » Quant à ses troupes, elles s'étaient fait tuer froidement avec le mépris ordinaire des Asiatiques pour la mort. On entra sans coup férir dans Pékin. Les Anglais, toujours pratiques, exigèrent un traité qui les autorisait à introduire en Chine autant d'opium que les pavots des Indes anglaises pourraient en produire ; les Français, chargés du butin qu'ils firent dans le palais d'été de l'empereur céleste, rentrèrent ravis en France : ils avaient obtenu pour nos missionnaires un large droit de circulation, ou, ce qui est synonyme, d'ingérence religieuse, de plus des concessions de terrains à Canton et à Shang-haï. Dans la première de ces deux villes, les propriétés foncières qui nous furent cédées sont désertes, par manque de sécurité peut-être ou en raison d'une tolérance qui y fut permise à la grande joie de nos marins, et qu'il est inutile d'expliquer. A Shang-haï, les révérends pères se trouvent à peu près seuls possesseurs de la concession, et ceux de nos nationaux qui voudront s'y établir sauront à leurs dépens ce que coûte l'honneur d'avoir des apôtres modernes pour propriétaires.

Je ne parlerai plus des missionnaires, car je vais partir pour le Japon, où leur entrée est encore interdite. D'ailleurs les Japonais ne sont point d'aussi facile composition que les naturels de l'empire du milieu ; les jésuites le savent et ne s'y aventurent point. Qu'il me soit cependant permis, avant de quitter la Chine, de dire un mot des nouveaux massacres qui viennent d'ensanglanter Tien-tsin, meurtres lâches, aveugles, où la populace a égorgé non-seulement notre courageux représentant, M. Fontanier, mais encore des prêtres et d'inoffensives sœurs de charité, pauvres femmes entraînées jusque dans ces lointaines contrées par des invitations imprudentes, et dont la mort, suivie de profanations horribles, doit quelque peu troubler la quiétude de ceux qui les y ont appelées. Que leur reprochait donc la foule? D'après un journal catholique, une chose odieuse et invraisemblable : de voler les petits enfants. La vérité est que les missionnaires, dans leur zèle de catholicisme, achètent avec les deniers de la *Sainte-Enfance*, deniers devenus gros millions, un grand nombre de petites créatures. Les achètent-ils directement des familles, ou faut-il croire que des entremetteurs cupides, ravisseurs d'enfants, les leur livrent contre espèces comme leur appartenant? Ce dernier cas n'est que trop probable, car autrement les colères de la populace de Tien-tsin ne s'expliqueraient pas ; quelque stupide que soit une foule surexcitée, elle ne tue pas sans motif. Quoi qu'il en soit, notre ministre à Pékin a déjà exigé les têtes de plusieurs mandarins ; il faut en effet que le sang français, partout où il est lâchement versé, soit vengé ; mais atteint-on toujours les vrais coupables ? Va-t-on bombarder Tien-tsin comme on a bombardé Canton et Shang-haï ? Les prédicants ne seraient-ils pas plus près de la morale du Christ, s'ils contenaient leur soif maladive du martyre, qui est sans utilité religieuse, puisque le Chinois n'est jamais converti sincèrement ni d'une manière durable, au lieu de provoquer de part et d'autre tant de meurtres et de fureurs ?

J'ai été frappé de voir débarquer sur le port de Shang-haï une grande quantité de balles de coton. Elles proviennent de l'Inde, me dit un Anglais, et l'importation en devient de jour en jour plus considérable. Les Chinois songent à fabriquer les cotonnades eux-mêmes, et, s'ils peuvent réussir à établir des métiers à l'instar de ceux d'Europe, le commerce britannique recevra un rude coup. Leur tentative d'émancipation ne s'arrêterait pas à cela ; des comptoirs ou plutôt de grands dépôts de soies et de thés seraient également ouverts à Londres et tenus par des Chinois avec un nombreux personnel. Si cela se réalise, si ces spéculateurs de l'extrême Orient débordent sur l'Angleterre, la lutte des deux nations anglaise et chinoise, commerçantes par excellence, sera grosse de révolutions étranges. Pour qui a vu l'invasion rapide des fils du Céleste-Empire dans les îles de la Sonde, en Australie et en Amérique, le danger qui menace l'Angleterre et les classes ouvrières de l'Europe en général est de ceux qui appellent de très-loin l'attention vigilante des gouvernants. Si des lois restrictives ne sont pas sagement opposées au débordement effroyable d'hommes qui peut d'un moment à l'autre atteindre l'Occident, peut-être un jour, dans les rues de Londres et de Paris, chassera-t-on les envahisseurs chinois à coups de fusil et de revolver, comme cela s'est déjà pratiqué sur une grande échelle en Australie, colonie anglaise [1]. Ils ont cependant bien le droit de prendre part à notre soleil, puisque nous réclamons le droit de nous éclairer au leur, et la vie d'un Tartare ou d'un Mongol doit être aussi sacrée que celle de n'importe quel Européen.

— Voulez-vous voir une culture de thé ? me dit un mandarin tout de blanc habillé, indication

---

[1] Plusieurs voyageurs anglais ont écrit à la rédaction de la *Revue des Deux Mondes* où ce récit a été publié, pour protester contre cette assertion. Je la maintiens, car elle est d'une rigoureuse exactitude : le nombre des Asiatiques tués aux *diggings* ou mines d'or est considérable

certaine d'un deuil récent, porteur d'un abdomen énorme, signe incontestable de sagacité et de race. J'accepte, et nous montons tous les deux à cheval, lui enjambant le sien par le côté droit selon l'usage en Chine, moi, du côté gauche suivant l'usage européen. En cheminant, il me fait remarquer combien le moindre ruisseau que nous rencontrons dans la campagne est utilisé avec intelligence pour les irrigations, quelle bonne mine l'eau donne à toutes les cultures ! Je suis bien forcé d'être de son avis, et je vois sa bouche se fendre par le rire jusqu'aux oreilles lorsque je lui dis qu'en France des milliards de tonnes du précieux liquide courent se perdre à la mer sans qu'il ait été possible jusqu'ici à nos agronomes de les utiliser. Il se calme un peu lorsque je lui dis que nous n'avons pas en Europe le bambou, tuyau naturel et de toutes les dimensions, que la nature a placé partout sous la main du cultivateur chinois. Je ne lui dis pas qu'à défaut de bambou, nous avons les conduits en fonte, en terre, en plomb, ou en composition cimentée, qui ne pourrissent jamais, et que, pour faire monter l'eau à n'importe quelle hauteur, nous avons des moteurs à vapeur ou de simples manéges inconnus ici, mais remplacés par les bras des travailleurs infatigables et nombreux.

Je fus fort étonné en arrivant à la plantation de voir que le thé est un arbuste qui exige fort peu de soins. C'est la terre siliceuse qui lui convient le mieux et dans laquelle il obtient son plus grand développement.

— On fait un grand semis, me dit mon mandarin, en septembre ou octobre ; lorsque les pousses ont atteint une hauteur de vingt-cinq centimètres environ, on les transplante à cinquante centimètres l'un de l'autre. Les feuilles, aussitôt qu'elles ont atteint leur complet développement, sont cueillies, lavées légèrement afin d'enlever la terre dont la pluie a pu les salir, puis exposées au soleil ; on choisit pour cette opération une journée où l'astre échauffe le sol de ses plus ardents rayons. Le soir venu, on ramasse le thé délicatement, il est mis en caisse et bien garanti de l'air extérieur par des feuilles de plomb. Ce thé, appelé par nous thé blanc, s'appelle chez vous thé vert ; pourquoi ? Je n'en sais rien. Le thé noir est celui que l'on préfère en France et dans la Grande-Bretagne. Je suis fâché de vous avouer que nous ne faisons pas boire ce que nous avons de meilleur... Tenez, prenez cette petite coupe et faites une infusion avec les feuilles que je viens d'y mettre moi-même ; recouvrez le tout et dites-moi quand vous aurez bu la tasse, toujours coiffée de son couvercle, afin que rien du fin et délicieux arome ne soit jamais perdu, si jamais vous avez savouré quelque part une boisson plus rafraîchissante et plus parfumée ?

— Nulle part ailleurs qu'ici, lui répondis-je avec sincérité. Que dirait-il, pensai-je en moi-même, si on lui offrait dans une de nos maisons françaises une large tasse dite de thé, dans laquelle se trouveraient délayés du sucre, du lait, des tartines de pain beurrées?

— J'ai pris de bien bon thé mélangé avec du vin de Bordeaux et du rhum, lui dis-je étourdiment, chez un *clergyman* qui appelait ce mélange un *bishop;* il assurait que ce mélange était excellent pour combattre le rhume.

— Du thé et du vin !

Le mandarin effaré me regardait dans le blanc des yeux comme pour me demander si je me moquais de lui. Je le priai de m'expliquer la fabrication du thé noir, et il reprit ainsi, non sans un peu de méfiance et de préoccupation.

— Lorsque les feuilles de thé sont cueillies et qu'on veut en faire ce que vous appelez du thé noir, on les place dans une chaudière sous laquelle flambe un feu léger. Le travailleur ne cesse alors de remuer la cueillette avec les mains, non-seulement afin de rouler les feuilles autant que possible, mais encore pour empêcher qu'elles ne se sèchent trop vivement. On les retire, on les place dans un tamis où la manipulation se continue d'une façon légère. Enfin, une dernière fois on les replace sur le feu, pour leur donner la couleur brune que vous aimez. C'est dans ce travail final que repose toute l'adresse des préparations, car, trop brûlé, le thé n'aurait aucun goût, trop peu séché il serait trop âcre et échauffant.

Nous revînmes à Shang-haï, et tout en galopant mon compagnon me demanda si je n'avais pas voulu le mystifier en lui disant que j'avais vu mélanger du vin et du rhum dans du thé. Je l'assurai que telle n'avait pas été mon intention.

— Puisqu'il en est ainsi, répondit-il, nous faisons bien de ne pas vous envoyer nos meilleurs produits, vous ne sauriez les apprécier.

VII

Yokohama. — Supériorité du Japonais sur le Chinois. — Le Fusyama. — Opinion de saint François Xavier sur les Japonais. — Kavasaki et les Mousmées. — L'enfant japonais. — Les larmes de crocodile d'un savant allemand. — Le Pacifique. — San-Francisco. — Le chemin de fer du Grand-Central. — New-York.

C'est à Shang-haï qu'il faut arrêter son passage pour San-Francisco, à bord d'un des bateaux américains qui font le trajet par le grand Océan-Pacifique. En versant à l'agence des *Pacific steamship companies* une somme un peu plus élevée que celle que vous avez comptée en Europe pour arriver jusqu'ici, c'est-à-dire trois mille cinq cents francs, vous recevrez un billet de parcours jusqu'à Paris, *via* Yokohama, San-Francisco, New-York et Le Havre. Tous les mois il y a un départ; quatre somptueux paquebots du port de quatre mille tonneaux, le *Great Re-*

public, le *China*, l'*America* et le *Japon*, parcourent alternativement en une moyenne de vingt-deux jours les quatre mille cent soixante-quatorze milles [1] qui séparent Yokohama du Nouveau-Monde.

Les voyageurs privilégiés, c'est-à-dire ceux qui ont des loisirs, devront s'arrêter au Japon le plus longtemps qu'il leur sera possible. Si, quelques mois après leur arrivée, ces voyageurs repartent légers d'argent, ils seront en échange riches d'impressions. Yokohama, le seul point où les bateaux américains fassent relâche en se rendant en Californie, ne peut donner à ceux qui y passent seulement quelques jours une idée bien complète des mœurs et des coutumes du pays ; cette ville est bâtie au milieu d'un marais imparfaitement desséché, et la population indigène est une des moins honnêtes de l'empire. Cependant, sans aller jusqu'aux ravissantes résidences qui entourent Nagasaki, Hiego, Osaka, Kagosima, sans pousser même jusqu'à Yeddo, — distant de Yokohama de trente kilomètres, — à peine débarqué, on peut constater la supériorité écrasante du Japonais sur le Chinois. Le premier en effet est artiste dans toute l'acception du mot, le second est marchand à un tel degré qu'il peut

---

[1] 7,730 kilomètres, le mille marin étant de 1,852 mètres.

se vendre lui-même ; l'un établit des voies ferrées, frappe sa monnaie, pose des fils télégraphiques, fond ses canons, fabriquera bientôt ses armes, autorise même, dès aujourd'hui, les marins et les officiers de son armée à porter nos costumes ; l'autre a horreur du progrès ou plutôt des innovations, mais il prend nos vices et achète aux Anglais les armes dont il a besoin et qui lui sont reprises chaque jour par ces mêmes Anglais sur les bateaux des pirates. Le Chinois se laisse tuer sans manifester aucune crainte de la mort, mais il ne saura pas défendre sa vie ; le Japonais ne succombera dans une lutte qu'après avoir vaillamment combattu. Le *céleste* est très-avide de plaisirs sensuels : pour se procurer la piastre qui lui donnera l'opium et ses énervantes rêveries, il aliénera sa liberté ; les Japonais ne boivent que le *saki*, liqueur inoffensive produisant à peine une ivresse légère ; on ne peut nier qu'ils n'aillent fréquemment dans les maisons à thé, mais ils y passent leur temps en causeries fines et railleuses ; ils ne s'expatrieront jamais par misère ou par intérêt. En Chine, on aime la nature du royaume Lilliput, les arbres petits, les fleurs microscopiques ; on y reste pâmé devant une imitation de la mer avec poissons, algues, brisants, le tout contenu dans une vasque de quelques pieds de diamètre. Au Japon, on aime la nature telle que Dieu l'a faite, c'est-à-dire grande et belle; lorsque les artistes japonais la reproduisent, on voit qu'ils le font avec sentiment et avec esprit; ils aiment si bien leurs jardins aux allées tortueuses où courent des ruisseaux ombragés d'élégants bambous, leurs montagnes et les neiges éclatantes qui en couronnent les sommets, les volcans de leur archipel projetant dans la nuit une rougeur sinistre, que partout sur leurs laques comme dans leurs bronzes, vous verrez reproduites ces beautés de la nature. Qui ne connaît depuis bien longtemps, sans s'en douter, leur montagne sacrée, leur Fusyama? C'est un cône d'une grande majesté qui domine Yeddo; on le voit presque toujours décorant leurs plateaux ou légèrement esquissé sur leurs porcelaines transparentes. En regardant avec quelque attention les produits de leur art, on est sûr d'y retrouver leurs maisons rustiques simplement recouvertes, il est vrai, d'un toit en chaume, mais toujours posées sur les flancs d'un coteau d'où l'on découvrira la mer, des îles, des golfes mystérieux où le flot repose, et au loin, à l'horizon, comme des roseaux desséchés, quelques barques de pêcheurs aux voiles dorées. La lune figure souvent aussi sur leurs dessins laqués; c'est qu'en effet rien n'égale l'apparition majestueuse de

cet astre quand, des hauteurs qui dominent Nagasaki, on le voit s'élever de la mer, large, ensanglanté, et peu à peu répandre, en montant lentement, son éclat argenté sur les eaux mouvantes et les montagnes boisées. Rappelons, pour terminer, que le Chinois n'a pas et n'a jamais eu de conviction religieuse, tandis qu'au Japon, quoiqu'il n'y ait plus un seul chrétien indigène, c'est par milliers que l'on compte les martyrs qui payèrent de leur vie, il y a deux siècles passés, leur attachement à la religion du Christ. Voici ce que rapporte à ce sujet le père Charlevoix, biographe de saint François Xavier[1] :
« Une chose, dit-il, arrêtait pourtant les progrès de l'évangéliste ; il était difficile de prouver à ce peuple que ceux qui pendant leur vie n'auraient pas adoré le vrai Dieu seraient condamnés aux flammes éternelles de l'enfer...... Si le Verbe incarné est mort pour tout le monde, disaient-ils, pourquoi sa mort ne profiterait-elle pas à tout le monde ? S'il condamne aux châtiments éternels tous ceux qui n'obéissent pas à sa loi, pourquoi a-t-il tardé à nous la faire annoncer pendant plus de quinze cents ans ? Les néophytes versaient des torrents de larmes en songeant qu'ils ne verraient jamais ceux des leurs

---

[1] *Histoire et Description du Japon*, Rouen, 1715.

qui n'avaient pas reçu le baptême. Quoi! disaient-ils en pleurant, nos frères, nos enfants, nos amis, seront-ils pendant toute l'éternité, les malheureuses victimes et les objets de la vengeance d'un Dieu qu'ils auraient adoré certainement s'ils l'eussent connu, et ce Dieu grand qu'on nous représente comme la bonté et la justice mêmes n'aura-t-il pas égard à leur ignorance?»

Ailleurs le grand apôtre s'étend sur les qualités morales de ce peuple. « Autant que j'en puis juger, dit-il, les Japonais surpassent en vertu et en probité toutes les nations découvertes jusqu'ici. Ils sont d'un caractère doux, opposés à la chicane, fort avides d'honneurs, qu'ils préfèrent à tout le reste. La pauvreté est fréquente chez eux, il est vrai, mais sans être en aucune façon déshonorante. » Le vieux médecin allemand Kæmpfer, qui a résidé de longues années avec eux, dit aussi: « Ils sont unis et paisibles, ils ont appris à rendre aux dieux le culte qui leur est dû, aux lois l'obéissance qui leur et acquise, à leurs supérieurs la soumission qu'ils méritent ; ils sont polis, obligeants, industrieux; en fait d'art et d'industrie, ils surpassent toutes les autres nations. Ils habitent un pays excellent, enrichi par le commerce intérieur ; ils sont courageux, abondamment pourvus de tout ce qui est nécessaire à la vie ; en outre ils jouissent des fruits de la paix et de la tranquillité. » Lord Elgin, à son tour, confirme ces éloges donnés aux Japonais [1]. C'est aussitôt après le retour des Européens dans ces parages que cette contrée, qui venait de jouir pendant deux cent cinquante ans des fruits de la paix et de la tranquillité, vit s'altérer cette paix précieuse.

Notre intervention a été d'autant plus déplorable que le sang a encore coulé, et que des villes ont été incendiées et brûlées. Les diplomates croyaient avoir affaire, comme cela a été le cas pendant quelque temps à Bankok, dans le royaume de Siam, à deux empereurs et à deux pouvoirs lorsqu'ils ne devaient et qu'il n'y avait à traiter qu'avec un seul. Ce ne fut qu'après avoir perdu le taïcoun [2] en le soutenant hors de propos, et avoir fait par la suite presque un désert d'une partie de Yeddo, qu'ils s'aperçurent que le mikado, le *descendant direct des dieux*, avait seul pour lui le droit et le peuple [3].

On peut se rendre de Yokohama à Yeddo par

---

[1] *La Chine et le Japon*, mission du comte Elgin, racontée par Laurence Oliphant ; Paris, 1860.

[2] Les Japonais le nomment ziogoun en temps de guerre et taïcoun en temps de paix.

[3] On appelle aussi le mikado, dairi-sama, ou le seigneur des palais.

mer comme par terre ; il est mille fois préférable de prendre cette dernière voie : la route devient charmante après la traversée du fleuve Logo, qui se fait dans un immense bac. On se figure en Europe qu'il y a encore aujourd'hui du danger à faire cette excursion : c'est une grande erreur, car tous les jours les Américains, de même que les Européens, habituent la population indigène à leur présence. On s'arrête généralement à moitié route, à Kavasaki, nom d'une charmante station ; elle est desservie par de gracieuses *mousmées* ou femmes japonaises, dont les prévenances font croire aux voyageurs qu'ils se trouvent dans le plus hospitalier des gîtes européens. Une foule d'enfants espiègles vinrent, dès que nous eûmes fait halte, se grouper autour de nous, et nous saluer de leur joyeux *oahio ;* l'intelligence de ces bambins, qui se lit ouvertement dans leurs yeux noirs, trop ronds à mon avis, m'a paru très-vive, et leur gentillesse est au moins égale à celle des enfants européens. Ils chantent plus qu'ils ne parlent, et rien n'est plus divertissant que le babil de toute une école. Un de nous avait à la main un livre japonais illustré ; pour voir si les bonshommes qui nous entouraient savaient lire, il fit signe au plus petit d'approcher et de dire à haute voix la légende d'une des images. Il fit aussitôt très-gentiment ce qu'on lui demandait, et, l'épreuve ayant continué sur tous les enfants qui se trouvaient là, pas un n'hésita à s'y soumettre, tous en sortirent triomphants. Ce fait étonnera peu lorsqu'on saura, ainsi que je l'appris par la suite, que l'instruction est presque obligatoire au Japon. L'éducation y semble différer aussi beaucoup de celle que reçoit la jeunesse en Europe; personne n'y a jamais vu frapper un enfant, ni entendu les horribles cris de détresse que poussent dans les quartiers populeux de nos villes certaines petites créatures indomptées ou indomptables. Un de nous ayant acheté un lot d'objets en laque devant le groupe des enfants que nous avions soumis à l'examen, et une difficulté s'étant élevée avec le vendeur japonais, ce dernier, à notre grande surprise, soumit avec un sérieux comique la solution de la difficulté à l'aréopage enfantin, et celui-ci, après avoir sérieusement écouté, sérieusement discuté, la trancha en notre faveur; le marchand s'y conforma de bonne grâce.

Après s'être rafraîchis et reposés à Kavasaki, les voyageurs doivent suivre leur route jusqu'à Yeddo en côtoyant la mer presque tout le temps. Comme d'un côté on a la vague qui déferle aux pieds des chevaux, de l'autre des maisons où l'œil curieux pénètre, des collines couvertes de mélèzes et de cèdres [1], de camellias en fleurs et de camphriers odorants, on arrive sans fatigue jusqu'à la capitale. Il y a deux cent soixante-dix ans, lorsque l'Espagnol don Rodrigo de Vivero y Velasco vint de Manille à Yeddo, cette ville n'avait que 700,000 habitants; aujourd'hui la population atteint le chiffre de 1 million d'âmes. Elle est en décroissance, à ce qu'il paraît, depuis l'époque où notre politique a mis le taïcoun en disgrâce. Les daïmios qui l'ont soutenu se sont retirés, eux aussi, dans leurs fiefs, et là où l'on voyait l'animation, où l'on n'entendait que le cliquetis des armes, les chants de guerre et d'amour des guerriers japonais, poussent l'herbe et l'ortie, règne un silence de mort; mais qu'on se rassure, tout Yeddo n'est pas ainsi. A quelques pas du bel hôtel à l'européenne qui s'élève dans une situation charmante en vue de la baie, vous retrouverez la vie, le pêle-mêle des rues des grandes villes de l'Europe, sans en excepter Londres et Paris dans leurs jours d'émotion populaire. L'étranger n'y est ni molesté ni inquiété, au contraire; partout l'accueil le plus cordial lui est fait, et les femmes répondent toujours par un salut et un sourire gracieux au salut que vous leur adressez. Les mœurs y sont mal-

---

[1] *Abies Kœmpferi* et *Cryptomeria japonica*.

heureureusement fort relâchées, quoique la peine de mort frappe les hommes et les femmes convaincus d'adultère. C'est la seule ombre au tableau que j'ai cherché à esquisser de ce peuple intelligent, brave et poli. On dit à tort, à ce propos, que les Japonais sont impudiques, parce que les deux sexes ont l'habitude de se baigner ensemble, ou parce qu'une jeune mousmée ne songera nullement à fermer sa fenêtre en procédant à sa toilette. Dans une maison japonaise comme dans un berceau d'enfant, on ignore cette convention toute locale appelée pudeur, et qui varie selon le climat. Un Japonais n'est pas moins étonné qu'un nègre du Dahomey lorsqu'on lui dit qu'en se baignant nu il offense la morale.

Dès 1859, les amateurs des œuvres de l'art japonais, et notamment des bronzes, ont pu se procurer d'admirables choses. Les Hollandais surtout ont été privilégiés, grâce à leur comptoir de Décima ; mais à quel prix ! on le sait. Longtemps avant l'arrivée des fureteurs modernes, le dépouillement des richesses de ce pays avait commencé sur une vaste échelle, avec cette différence qu'on ne se contentait pas de laques, d'étoffes, de porcelaines ou de magots. Les Portugais et les agents du gouvernement hollandais visaient à des richesses plus palpables et moins délicates. Kæmpfer dit à ce sujet : « On pense que, si les compatriotes de Camoëns avaient joui encore vingt ans du commerce du Japon [1], ils auraient emporté à leurs colonies de Macao tant de richesses provenant de cet empire qu'il y aurait eu dans cette ville d'or et d'argent aussi abondants que ceux dont les écrivains sacrés disent que jouissait Jérusalem du temps de Salomon. » Qu'on ne s'y trompe pas : ce n'est pas une belle indignation qui fait faire cette boutade au médecin allemand que je cite ; nous avons trop souffert des rapines, des vols et des assassinats de ses compatriotes pour qu'on s'y soit trompé. C'est tout simplement le dépit de n'être pas arrivé assez tôt pour prendre part à la curée.

Est-ce par dégoût d'une telle rapacité que tout à coup le gouvernement du Japon ferma ses ports aux étrangers pendant plus de deux siècles après avoir fait massacrer, aidé par les Hollandais [2], 40,000 chrétiens dans les murs de Simabarra et jeter à la mer, du haut de la roche du Pappenberg, un nombre considérable de ces malheureux ? Les jésuites disent oui, les Portugais disent non. Aujourd'hui tout se passe ici d'une façon très-convenable. L'Europe ne prend

[1] 1599.
[2] 1636.

plus de ce beau pays que ses soies brutes, des graines de vers à soie et du thé. Le Japon, par contre, prend de nos fabriques des cotons filés, des étoffes de laine, des armes et des bateaux à vapeur, qu'il dirige lui-même tout en commençant à en fabriquer pour son propre compte.

Lorsque, après mon départ de l'extrême Orient, je naviguais à toute vapeur sur *le China* vers l'Europe, et que je songeais à tout ce que j'avais appris et entendu dire de cette belle terre japonaise, je me promis, dès que j'arriverais en France, d'engager la jeunesse de mon pays, celle qui, avec courage, tente de sortir d'une médiocrité sans horizon, à s'y porter. Avec de l'activité, beaucoup de bon vouloir et d'honnêteté, on doit réussir dans cette Écosse de l'Orient. Le succès est d'autant plus probable que le Japon a été peu exploité relativement aux autres colonies, et qu'enfin, avantage immense, le commerce français y occupe une place fort honorable. Les *Messageries françaises* y ont un comptoir ; elles apportent, ainsi que la *Compagnie orientale et péninsulaire*, tous les huit jours des nouvelles de France relativement récentes, puisque en moyenne elles n'ont que deux mois de date. Pour se rendre jusqu'au Japon, il est impossible d'avoir des moyens de transport plus rapides et offrant, avec un confortable inouï, un panorama plus varié.

Pour aller en Europe par le Pacifique, le tableau change complétement : la route par l'Amérique centrale et l'Atlantique est loin d'offrir la même variété. A l'exception du trajet de San-Francisco à New-York, qui se fait en six jours et vingt heures en chemin de fer (5,300 kilomètres), tout le voyage s'accomplit par mer.

Ma traversée du Japon à San-Francisco s'effectua sans tempêtes. Le voyage en chemin de fer exclut toute description : il tue le récit par sa rapidité quand il ne tue pas le voyageur, surtout en Amérique. Je ne dirai donc rien de mon fatigant voyage par le Grand-Central, car je ne pourrais parler des États-Unis comme il conviendrait d'en parler.

Cependant, comme au 10 mai 1869, date de l'inauguration de cette œuvre immense, la voie présentait de sérieux dangers, surtout dans la Sierra-Nevada, où, comme à Summit, les trains de voyageurs s'élèvent dans les neiges jusqu'à une altitude de 2,000 mètres, il est bon de dire qu'aujourd'hui tout péril a disparu. Au lieu des voitures grossières dont les premiers voyageurs durent se contenter, on y trouve à présent des wagons somptueux avec lits, restaurants, salons bien tenus, chauffés et éclairés comme ceux de nos meilleurs hôtels d'Europe ; des trains spéciaux à prix réduits ayant été réservés aux travailleurs de toutes les nationalités, on n'est plus en contact direct avec les rudes mineurs de la Sierra ou les terrassiers de ces nouvelles voies ferrées qui, semblables aux petits cours d'eau pressés de se joindre aux fleuves, viennent chaque jour se relier au *Grand-Central*. Si le voyageur s'effrayait d'avoir à passer près de sept jours consécutifs en chemin de fer, qu'il regarde son itinéraire. Il est bon nombre de villes, telles que Ogden, Salt-Lake City, Cheyenne, Omaha, Chicago, qui méritent d'être visitées. C'est dans ces jeunes cités, bien mieux qu'à New-York, que l'on comprendra comment, avec la liberté et le travail, se fondent les grandes républiques.

UN NAUFRAGE

AUX

ILES DU CAP VERT

I

Le départ.

Le vendredi 7 novembre 1850, de midi à six heures, les bassins dont Napoléon a doté le port d'Anvers présentaient une activité inaccoutumée. Quelques vaisseaux marchands, prêts à prendre la mer, allaient quitter la rade afin d'attendre à Flessingue, petite ville hollandaise située à l'embouchure de l'Escaut, les vents favorables à la traversée des mers du Nord et de la Manche.

Le temps était affreux. De gros nuages dont un vent violent du nord-est roulait et entassait les masses opaques s'entr'ouvraient par moments pour laisser tomber les larges gouttes d'une pluie glacée, et l'Escaut, ce fleuve si sombre à l'époque des équinoxes, lançait avec un bruit sinistre les vagues de ses eaux boueuses contre les parapets des bassins. Souvent des explosions de bachiques chansons flamandes se mêlaient brusquement aux rafales de la tempête. C'est que, des petites rues qui débouchaient au port, faisaient irruption sur le quai des escouades de matelots avinés conduisant un camarade qui allait s'embarquer pour les Indes ou les Amériques. Le partant, ivre-mort, était jeté plutôt que déposé sur les bastingages de son navire ; étendu stupidement sur des cordages fraîchement goudronnés, il recevait sans les comprendre les vœux de ses amis qui lui souhaitaient bon vent, bonne mer et de joyeuses fortunes aux pays où l'on croit qu'un soleil de feu fait éclore autant de passions que de fleurs embaumées. Ailleurs, c'étaient les rires cyniques des vieux loups de mer qui, en voyant un des leurs composer hypocritement son visage pour recevoir les adieux d'une amante surannée, cherchaient, par d'effrayants brocards, à faire dégénérer en dispute des adieux larmoyants.

A côté de ces scènes tragi-comiques, on en surprenait d'autres plus discrètes et plus douloureuses. Une mère étreignait, en le couvrant de baisers, l'enfant dont elle se séparait pour la première fois. Un père laissait éclater au moment suprême les pleurs qu'il s'était efforcé de contenir pour ne pas affaiblir le courage d'un fils. Des frères, des sœurs, des amis embrassaient en silence celui dont l'absence allait leur laisser un vide cruel. Certes, ils sont tristes, ces moments où le marin se sépare d'une mère, d'un père, d'une femme aimée ; mais combien ils sont plus douloureux encore pour celui qui ne connaît de la mer que ce qu'il en a lu dans les livres ! Le marin s'élance presque toujours joyeux sur cet élément dont il s'est épris dès l'enfance. Il le connaît, il l'aime comme un cavalier aime le cheval fougueux que sa main a su dompter. Mais quelle différence pour le passager qui met le pied à bord d'un navire pour la première fois ! Tout va être pour lui nouveauté, surprise, effroi. Les cris de commandement lui paraîtront des cris d'alarme: qu'une mer houleuse fasse bondir le vaisseau, qu'une voile se déchire et fouette l'air de ses lambeaux ; que les pieds des matelots frappent en désordre, au milieu de la nuit, les planches de la dunette sous laquelle il cherche en vain le sommeil, aussitôt l'idée d'une affreuse agonie se présentera à son esprit, et on le verra, pâle d'insomnie, brisé par le mal de mer, interroger d'un œil inquiet le visage de son capitaine, comme pour y lire son salut ou sa perte. Et si, comme celui qui écrit ces lignes, le passager en est à son premier voyage sur l'Océan, sans un compagon de route auquel il puisse confier ses impressions, ses terreurs, ses regrets, ne le laissez pas partir, vous qui l'aimez!

II

Le Rubens.

Le Rubens, nom du vaisseau qui devait me conduire à Singapour, fut le dernier à sortir, et comme à regret, des bassins. L'heure du départ était irrévocablement arrivée. Je me jetai dans les bras des amis qui m'accompagnaient. Mes yeux se tournèrent du côté de la France, et, l'âme brisée, je montai à bord. Un moment après un bateau à vapeur survint, qui prit le navire en croupe et le remorqua jusqu'à Ostrewel, petit village sur l'Escaut, à quelques lieues d'Anvers.

Le Rubens était, de la marine belge, le plus élégant, le plus audacieux, le plus fin voilier. Construit dans les chantiers d'Anvers, en 1846, sous les yeux de Louis Meyer, le capitaine qui devait lui faire courir ses premières bordées, il ne démentit pas une seule fois les espérances qu'il avait fait naître. Nous croyons, et beaucoup de marins le croient avec nous, qu'il en est des navires comme des hommes : ils sont prédestinés.

Le Rubens pouvait jauger cinq cents tonneaux. Neuf cabines et un salon décoré comme une salle d'armes offraient un large espace aux passagers, qui, cette fois, lui faisaient défaut. En prévision d'attaques fort possibles dans les mers de Chine et dans les détroits de la Sonde, quatre canons en fer donnaient au bâtiment une apparence guerrière qui flattait énormément l'orgueil de l'équipage. Un buste du peintre flamand dont il portait le nom glorieux décorait sa proue, et les deux larges bandes bleues et noires qui l'entouraient comme une ceinture, loin de l'attrister, — le bleu et le noir sont les couleurs du deuil royal en Belgique, — lui donnaient une apparence de coquetterie et de légèreté. A la mort de Marie-Louise, la reine bien aimée des Belges, *le Rubens*, comme un sujet fidèle, avait pris le deuil. Mais ce qui en faisait surtout la beauté et l'agrément, c'était sa commode et spacieuse dunette. Blanche, brillante comme le parquet d'un salon, elle m'offrait, à défaut des avenues sablées des Champs-Élysées, un lieu charmant de promenade. Combien de fois, oubliant les heures du sommeil, n'y suis-je pas resté perdu dans la contemplation des nuits étoilées du tropique? Combien de fois, pendant les longues heures de la journée du bord, ne m'y suis-je pas oublié, suivant du regard le sillage étincelant du navire ou le vol gracieux d'une blanche mouette qui nageait et voltigeait tour à tour dans l'azur d'un beau vallon liquide !

Ce fut en 1846 que *le Rubens* commença sa carrière en faisant le tour du monde. Le 1er mai 1847, jour de la Saint-Philippe, aux îles Taïti, la reine Pomaré, encore inconsolable du départ de son intéressant missionnaire, M. Pritchard, vint à son bord, et au bras de l'amiral Bruat, lui accorda une visite. En 1848, l'humeur voyageuse du bâtiment lui faisait mettre toutes ses voiles dehors pour aller visiter le Céleste-Empire ; c'est lui qui le premier déroula aux yeux bridés des Chinois de l'extrême nord de l'Empire-Céleste les couleurs du pavillon belge. Anvers le revoyait en juin 1849, et le mois d'octobre suivant il repartait pour le Chili et le Pérou, d'où il revenait en 1850, plus entreprenant que jamais.

Pauvre vaisseau, pauvre *Rubens !* qui eût osé alors lui prédire une fin si prématurée ! Fallait-il donc avoir bravé tant de tempêtes, parcouru tant de régions lointaines, doublé si souvent les terribles caps d'Horn et d'Espérance, pour venir misérablement se briser aux portes de l'Europe, sur l'Océan le plus calme, et sous la nuit la plus pure, la plus transparente qu'un pilote puisse désirer? Mais, plus heureux que les vieux vaisseaux qui pourrissent au port, il est mort du moins au champ d'honneur et l'Océan immense est son linceul.

III

Flessingue.

Le remorqueur vient de nous quitter, et nous passons devant la petite ville de Bath sur laquelle flottent orgueilleusement, comme pour bien indiquer la fameuse séparation de la Hollande et de la Belgique, les couleurs horizontales bleues, blanches et rouges du pavillon hollandais. Nous atteignons Flessingue, après avoir parcouru les mille sinuosités monotones que décrit l'Escaut. C'est ici que les bâtiments qui veulent entrer dans la mer du Nord ou traverser la Manche attendent des vents favorables.

Lorsque nous y arrivâmes, une bonne et forte brise d'est engagea le capitaine à tenter la traversée. Mais, à peine hors du fleuve, un peu en dehors du phare flottant qui indique l'entrée de la Manche, nous fûmes assaillis par des bourrasques si furieuses qu'il fallut revenir au plus tôt. Bien nous en prit, car un bâtiment hollandais qui n'avait pu rejoindre à temps le port de refuge passa piteusement à côté de nous, ayant perdu ses mâts, ses ancres, et peu s'en fallut qu'il n'échouât.

Comme les vents à cette saison de l'année se maintiennent longtemps contraires, le capitaine descendit à terre, à Flessingue, chez un de ses amis, et me laissa à bord avec l'équipage, le second et son maître d'hôtel. Ce dernier parlait un peu français, malheureusement sa bêtise et sa suffisance étaient insondables. Cela était racheté peut-être par de hautes connaissances en matière de roasbeef et de plum-pudding; mais j'étais médiocrement disposé à apprécier ce genre de consolation. Le second du *Rubens* me fut également odieux dès le premier coup d'œil que je jetai sur lui. C'était un petit homme de trois pieds et demi. Il avait des jambes ogivales et des bras qui descendaient presque jusqu'aux genoux : son nez eût pu remplacer avantageusement un pied de marmite; ses lèvres étaient celles du gorille; enfin un poil roux entourait sa figure mobile comme celle du singe. Ce qui lui donnait encore plus de similitude avec ce quadrumane, dont il s'amusait lui-même à imiter les mouvements en grimpant dans les cordages, c'étaient deux yeux gris clair, grands, roulant sans cesse dans des orbites bordées de rouge.

Je sus bientôt à bord par des faits qui révélaient à tous moments son caractère, que, souple et rampant vis-à-vis du capitaine, il était cruel et despote pour ses subordonnés. Tant que le capitaine Meyer fut le maître, il lui fut bassement soumis; mais dès que *le Rubens* fut perdu et son capitaine sans commandement, le second devint insolent, méchant, se révolta, fit révolter l'équipage et ne chercha plus qu'à mordre la main que naguère il léchait. Que le lecteur me pardonne d'appeler son attention sur un tel personnage, mais c'est à sa négligence qu'il faut attribuer le naufrage, et c'est à ce titre seulement qu'il mérite d'être dépeint et connu.

IV

Middelbourg.

Un dimanche matin que le soleil se levait rayonnant, et que le ciel promettait, contre sa coutume, une belle journée d'automne, je fus saisi de toucher terre encore une fois, je luttai et pour cause. La mer est le seul lieu du monde où l'argent soit inutile; muni de lettres de crédit, je n'avais pour aller d'Anvers à Singapour, c'est-à-dire pour effectuer un trajet de cinq mille lieues environ, qu'une somme insignifiante que je ne m'attendais même pas à dépenser. Il est vrai que je ne savais pas en m'embarquant que nous nous arrêterions si longtemps à Flessingue.

Il me restait dans un petit porte-monnaie, plutôt à titre de médaille qu'à titre de réserve pécuniaire, une belle pièce d'or de vingt francs, *fleur de coin*, à l'effigie de la République française. Il fallait m'en séparer si j'allais à terre, et j'hésitais, je l'aimais tant cette pauvre république! C'était si bien pour ne pas assister à son égorgement que je quittais la France ! Il m'était doux d'emporter au loin sa mâle effigie, comme on emporte le portrait d'un être aimé, et qu'on a bien peu d'espoir de revoir jamais. Et, là ce propos, quelques courtes réflexions rétrospectives trouvent ici leur place. Combien de jeunes gens qui, comme moi, acclamèrent la république de 1848 de toute leur âme, préférèrent abandonner famille et patrie plutôt que d'assister à la chute de leur idole! D'ailleurs ils ne pourraient plus vivre en France. Quelque pures qu'eussent été leurs théories, quelque désintéressées qu'eussent été leurs espérances, il n'y avait plus de place pour eux au foyer de la patrie. D'un côté les chances d'une expatriation involontaire, de l'autre l'ostracisme d'une bourgeoisie effrayée : il n'y avait pas à hésiter.

Aucun de ceux qui se sont expatriés ne regrette aujourd'hui, sans doute, la résolution suprême qu'il a prise. J'en sais plusieurs même qui, en exil, au contact de rivalités jalouses de puis des siècles des gloires de la France, sont contents d'avoir rapporté de leurs voyages, avec des théories moins exaltées et moins exclusives, un sentiment sinon plus vif, du moins plus intelligent du patriotisme. Ils y ont acquis cet esprit de nationalité qui est si caractéristique et si honorable chez les Anglais, et qu'il faut se hâter d'imiter dès qu'on est hors des frontières de France. Chez l'étranger, avant tout, il faut être de son pays et le défendre, soit qu'on l'attaque dans son gouvernement, soit qu'on le critique dans ses coutumes. Agir différemment, c'est manquer de patriotisme, c'est ressembler à un enfant ingrat qui sourit avec une lâche condescendance aux railleries qu'on décoche à sa mère. Beaucoup aussi de ceux dont je parle regrettent d'avoir été, à cette époque, les jouets de leurs illusions; d'avoir porté aux pieds d'hommes qu'ils prenaient pour des demi-dieux les gerbes fleuries de leurs rêves et de leur dévouement, gerbes dont ils virent trop tard que ces demi-dieux faisaient litière. Ils ont tort dans leurs regrets : l'expérience eût dû leur apprendre qu'il faut se dévouer à des principes qui ne changent jamais, et non à des hommes qui, par nature, varient souvent.

Une folle bouffée de vent, qui apporta jusqu'à mon oreille un lambeau de musique militaire, vainquit mes dernières hésitations, et je me fis descendre sur les quais de Flessingue. En touchant pour la première fois le sol de la Hollande, l'épigramme railleuse de *canards, canaux* et *canailles* que Voltaire lui appliqua me vint, très-involontairement, à l'esprit. Voltaire ne pouvait prévoir que Flessingue, fortifiée comme Anvers par Napoléon, se ferait réduire en cendres par l'escadre anglaise, en 1809, plutôt que de se rendre à elle.

Connaissez-vous rien de plus coquet, de plus propre qu'une ville hollandaise? En voyant ses maisons peintes de couleurs éclatantes, les vitres des fenêtres garnies de paysages ou de rideaux d'une blancheur d'hermine, les trottoirs de pierre noire, brillants comme le marbre poli, ne semble-t-il pas à l'étranger qu'il parcourt une de ces cités en miniature façonnées à Nuremberg? Tout concourt à cette illusion : le visage coloré des Hollandais, le costume des paysannes, les chars agrestes bariolés de peinture, tout, sans en excepter le soldat aux longs cheveux blonds, qui monte flegmatiquement sa garde, avec l'immobilité d'un bonhomme de bois peint, sous les angles de sa guérite verte.

De Flessingue à Middelbourg on va très-rapidement. Avant de vous y rendre, un coup d'œil à la statue de l'amiral Ruyter. Il est né ici. Encore un souvenir français. Il mourut glorieusement en Sicile, en combattant contre nous, et nous n'avons à lui reprocher que d'avoir causé trop d'inquiétudes à madame de Sévigné. Elle en avait grand'peur pour ceux qu'elle aimait avec tant de cœur et d'esprit.

La route de Flessingue à Middelbourg est charmante; toute bordée d'arbres, de frais ruisseaux, animée par la rencontre de quelque jolie Middelbourgeoise qui se rend à la ville, comme la Perrette de la fable, avec un pot de lait sur la tête, accorte et court vêtue. A droite et à gauche de la route, de gros pâturages où paissent des taureaux aussi magnifiques que ceux peints par le jeune et éminent artiste anversois, Charles Verlat; dans les feuillages, des génisses qui semblent convier le pinceau d'un Van Cuyp. Ce sont ces beaux troupeaux qui ont l'avantage de fournir ces beurres délicats que l'on trouve sous toutes les latitudes. Chaque tertre est surmonté d'un moulin à vent dont les larges ailes sont, comme tout le reste, égayées de vives couleurs; partout des villas entourées de bosquets verdoyants, partout des fermes autrement propres et coquettes que nos lugubres fermes de France.

Middelbourg est l'ancienne capitale de la Zélande. Elle a le privilége, avec Utrecht, de posséder toute la fière aristocratie hollandaise, parmi laquelle se trouvent tant de beaux noms français qui émigrèrent en Hollande lors de la révocation de l'édit de Nantes.

Sept portes garnies de tourelles et de ponts-levis défendent l'entrée de la ville à un ennemi imaginaire. Elles conduisent toutes à une place circulaire où s'ébattaient, quand j'y arrivai, les enfants les plus blonds, les plus roses et les plus joufflus du monde. Il n'y a qu'en Hollande et en Belgique où l'on trouve la jeunesse si pleine de fraîcheur et de santé joyeuse.

Chacun sait combien on mange dans ce pays brumeux, et cet abus de nourriture mêlé chez les hommes à l'abus du gin détruit malheureusement à la longue les plus belles constitutions. Vous chercheriez en vain chez l'adulte de quinze ans les traces de la magnifique santé que vous connûtes à l'enfant de cinq ans.

Après une visite à l'hôtel de ville, à son beffroi dont la sonnerie jouait un air de la *Lucia*, j'effectuai pédestrement mon retour, tout triste, en songeant que je venais de jouir pour bien longtemps de la vue d'une ville européenne, de l'aspect de beaux visages d'enfants rieurs et du tranquille spectacle de la nature civilisée. Des hommes noirs comme de la suie, des balais décorés du nom poétique de palmiers, des femmes aux couleurs jaunes, voilà, disais-je, ce qui, dans quelques mois, devra distraire long temps mes regards.

V

Entrée dans la Manche. — Tempête. — George Sand.

Le 28 novembre au matin, je fus éveillé par un chœur plein d'entrain, chanté par les voix mâles des matelots du *Rubens*. Un bruit de chaînes retombant sur le pont sonore accompagnait l'énergique refrain, le vent était propice. Nous levions l'ancre, et les mâts du bâtiment se couvraient d'une blanche voilure. La traversée de la Manche fut des plus heureuses. Chaque soir, pendant que nous eûmes les côtes de France en vue, mes yeux se plurent à suivre les feux des phares tournants dont elles sont éclairées. Perdue dans la brume, leur lumière ressemble à des étoiles mollement bercées sur les flots. Ces feux étaient ceux de mon pays, et leur contemplation suffisait pour réveiller en moi tous les regrets que j'avais éprouvés en quittant ma patrie.

Le dimanche 1ᵉʳ décembre, nous entrâmes dans le grand Océan. Toute terre avait disparu ; l'œil ne découvrait plus qu'un horizon liquide, uniforme, immense, et au regret de ne plus voir la terre vinrent se joindre bientôt les péripéties d'une tempête affreuse. Pendant huit jours et huit nuits *le Rubens*, qui, au début de la tourmente, avait courageusement lutté, se trouva livré à tous les caprices d'une mauvaise mer. Les voiles avaient été déchirées une à une et détachées des mâts. Le navire, dépouillé, roulant sous la vague, battu par l'ouragan, couvert d'écume, ne semblait plus qu'un corps inerte d'où toute vie et toute volonté avaient disparu. Moments solennels où notre pensée s'envolait vers ceux dont le souvenir nous était cher. Ce n'est point dans la prospérité, dans l'émotion d'une grande joie que la mémoire du cœur est plus vive, c'est dans le péril ; et c'est heureux, car elle augmente l'instinct de la conservation et donne le courage de lutter.

Quand le calme se fut rétabli sur les éléments et dans nos cœurs ; quand le soleil permit au capitaine de reconnaître sous quelle latitude nous errions à l'aventure, nous trouvâmes que nous n'étions qu'à très-peu de distance du banc de Terre-Neuve.

Il fallut se hâter de rebrousser chemin, et poussés par une glaciale brise du nord, dès le 13, nous nous trouvions sous la latitude tempérée de Lisbonne ; le 19, Palma, des îles Canaries, était en vue. Le 22, nous passions le tropique du Cancer. Enfin le 24, à 4 heures du matin, on devinait l'île de Sel, une des îles du Cap-Vert, dans un point sombre et brumeux qui apparaissait à tribord.

Nous étions en effet dans l'archipel des îles du Cap-Vert, îles sinistres et fatales, entre lesquelles sont venues sombrer tant de riches cargaisons, où tant d'existences s'éteignirent dans les flots, où notre beau *Rubens* allait se briser, en ne laissant à nous-mêmes que peu d'espoir d'échapper à une mort horrible.

Le 23, c'est-à-dire la veille du naufrage, le capitaine Meyer, qui aimait à me faire parler sur les événements qui avaient, en 1848, agité si fortement la France, m'avait fait monter dans une des chaloupes que *le Rubens* portait à ses flancs. De là nous nous plaisions, tout en causant, à découvrir un horizon immense que venait égayer parfois l'apparition d'une voile, ou les jeux d'un cachalot lançant dans les airs une blanche colonne d'eau.

J'ai dit qu'en 1848 je m'étais lancé dans le mouvement républicain à corps perdu. Si politiquement j'avais été fort malheureux, j'avais trouvé une large compensation dans les relations littéraires et artistiques dont je n'eusse eu jamais à m'enorgueillir si la République n'eût été proclamée. C'est ainsi que, pendant plus d'un an, je vécus dans l'intimité de mon malheureux ami Louis Lurine, dont la conversation pleine d'esprit, de sentiments délicats et d'humeur, me tenait enchaîné à ses lèvres pendant de longues heures ; par lui je connus madame Rose Chéri, si distinguée à la ville et à la scène ; Rachel, dont je devais, par une bizarrerie étrange, rencontrer le souvenir en Égypte, sur le Nil, à bord de la cange qui la promenait épuisée et déjà mourante ; aux Canets, dans la chambre où elle s'éteignit ; enfin, au Père-Lachaise où sa tombe fut la première qui frappa mes regards.

A toutes ces illustrations il faut ajouter le nom de madame George Sand. Je n'avais jamais eu l'honneur de lui être présenté, et cependant elle avait daigné, à l'appel indiscret de quelques-unes de mes lettres, répondre de la façon la plus obligeante et la plus affable. Ces lettres, je les emportais aux Indes comme la seule fortune qui me restât du désastre que je venais d'éprouver par la chute de la République.

Quand le capitaine Meyer, ainsi que je l'ai dit, m'appela, la veille du naufrage, auprès de lui dans le canot, j'eus l'heureuse idée de les prendre avec moi et de lui en faire la lecture. Elles étaient réunies dans une petite cassette où j'avais mis ce que j'avais de plus précieux en souvenir de jeunesse, et si je raconte cette particularité, c'est que la cassette, avec les trésors qu'elle contenait, fut de tout ce que j'avais à bord le seul objet que je sauvai, et le seul dont la perte m'eût rendu inconsolable.

VI

L'île de Sel. — Boa-Vista. — Le naufrage.

Voici ce que m'a dit textuellement le capitaine Meyer une dizaine de jours après l'événement :

« Je ne sais pas quelle était l'exacte position du *Rubens* le 23 décembre ; le journal du bord est perdu, et je ne puis me le rappeler. Je sais pourtant qu'en gouvernant au sud du monde nous devions avoir, vers deux heures du matin, l'île de Sel par notre travers.

« Selon ma coutume, même lorsque nous sommes éloignés de terre, je donnai l'ordre le 23 au soir de redoubler de vigilance aux bossoirs.

« Le temps était fort clair à l'entrée de la nuit, et nous marchions avec une jolie petite brise bien établie qui nous permettait de porter toutes les bonnettes hautes et basses à bâbord.

« A minuit, en présence de mon second, selon mon habitude, j'avais porté la position du *Rubens* sur la carte, et nous avions décidé que, vu notre faible distance de terre, la route sud du monde serait changée dès que nous apercevrions la première des îles du Cap Vert, l'île de Sel.

« Le lieutenant, un très-bon, très-dévoué marin, prit le quart de huit heures à minuit : le second devait le prendre de minuit à quatre heures du matin.

« A onze heures et demie, le lieutenant entra dans ma cabine, en me disant qu'il croyait voir la terre à tribord à une très-grande distance. Je montai aussitôt sur le pont et je crus apercevoir également, aidé par la transparence du ciel, la montagne qui se trouve au nord de l'île de Sel. Nous devions en être éloignés de sept à huit lieues. Je changeai de suite la route, fis gouverner au sud-quart-sud-est, et donnai l'ordre formel de me prévenir quand l'île de Sel serait par notre travers.

« Le lieutenant fut relevé à minuit par le second, qui reçut les mêmes instructions. Fatigué par quelques médicaments que j'avais pris la veille, je montai dans ma chambre. Par une fatalité désespérante, non-seulement le second ne m'appela pas lorsqu'il eût dû le faire, mais je m'endormis pour ne me réveiller qu'à quatre heures du matin. Le sommeil s'était fait complice de cet homme pour nous perdre !

« En m'entendant lever, le second entra brusquement dans ma chambre, mais avec l'air d'un homme fautif. Lui ayant demandé pourquoi il ne m'avait pas appelé, ainsi que cela lui avait été recommandé, il me répondit que l'île n'était plus visible, lorsqu'elle eût dû se trouver par notre travers.

« Je consultai alors la carte en sa présence, lui disant amèrement que je craignais que par sa faute nous ne fussions portés par le courant trop près de Boa-Vista, une des îles les plus mauvaises de l'Archipel, et, sans plus tarder, je montai sur le pont. Je fis rentrer les bonnettes basses, changer la route et mettre le cap au sud-est. J'envoyai le second en vigie sur le gaillard d'avant et nous restâmes, le lieutenant et moi, à l'arrière, afin de tâcher de découvrir la terre qui, un quart d'heure après, se montrait effectivement à nous à une distance de quatre lieues. C'était l'île de Boa-Vista.

« Le ciel était devenu moins clair ; la lune ne brillait qu'à de rares intervalles. Je laissai gouverner encore pendant quelque temps au sud-est, puis je fis venir au sud-est-quart-est du

Monde, quand tout à coup, ayant aperçu une ~~~au blanche et brillante à tribord, je demandai tout haut ce que cela pouvait être. On me répondit que ce n'était qu'un reflet de lune; peu satisfait de la réponse et plein d'inquiétude, je criai à l'homme du gouvernail de lofer; il était trop tard : nous étions sur des brisants, le navire s'entr'ouvrait.. »

Ce fut un moment solennel que celui où *le Rubens* toucha. L'équipage dormait; en une seconde il est debout, et chacun écoute, attend, espère en son cœur que tout n'est peut-être pas perdu et que les flancs cuivrés du navire seront assez solides pour résister au choc d'une seule secousse.

Vain espoir! un cri lamentable s'est échappé de toutes les poitrines, car un second ébranlement, puis un troisième plus violent que les deux premiers, se font sentir. On entend tout à coup le mugissement de l'eau qui entre victorieuse dans la cale, et dès cet instant la confusion à bord devient épouvantable. Rien ne s'est effacé dans mon esprit de ces tristes moments. Des matelots se jettent à genoux; d'autres versent des larmes ; ceux-ci courent aux canots et cherchent à les dégager de leurs amarres; ceux-là, plus calmes, mesurent d'un œil hardi la distance qui les sépare de la terre et se demandent s'ils auront assez de force et de bonheur pour y arriver.

Le navire ayant franchi trois rangées d'écueils formidables, s'était remis à voguer comme s'il n'était pas frappé mortellement. Le capitaine, après avoir donné ordre de mettre les embarcations à flots, mais avec peu d'espoir de voir son ordre exécuté à temps, est monté au gouvernail avec l'idée de rapprocher le navire de la côte et rendre ainsi le sauvetage plus facile.

Au moment où le capitaine inquiet était sorti de sa cabine à quatre heures du matin, courroucé de l'oubli de son second, il m'avait appelé, m'invitant comme à une fête, à venir jeter un dernier coup d'œil sur la terre que je ne devais plus revoir, ajoutait-il, qu'aux îles de la Sonde. Je me levai à la hâte et le suivis sans chapeau, n'ayant qu'un pantalon de coutil et des pantoufles.

J'étais donc debout, et ce fut heureux, au moment de la catastrophe ; et quand la confusion arriva à son comble, je me précipitai dans ma cabine, recherchant à tâtons dans l'obscurité, dans mes malles, sur mon lit, la cassette à laquelle je tenais tant. Ce fut en vain : je ne la trouvai pas ; je sentais le danger devenir de plus en plus imminent, et je m'obstinais cependant, sans m'en effrayer, dans mes inutiles recherches. Jamais je n'ai éprouvé d'impatience plus fiévreuse et mon front ruisselait de sueur... Tout à coup je me souvins qu'appelés par le maître d'hôtel, le capitaine et moi, pour prendre le thé, nous avions interrompu notre lecture, et que j'avais oublié la cassette dans le canot. Heureux de ce souvenir, je ne m'en occupais plus dès lors, et je ne le pouvais guère, car, si le canot n'était pas mis à la mer, c'est que nous étions perdus.

VII

A la barre. — Le second du *Rubens*.

Quand je revins sur le pont, la confusion était aussi grande que lorsque je l'avais quitté. C'était surtout au centre du bâtiment qu'elle était épouvantable. La grande chaloupe y était placée et quelques hommes de sang-froid faisaient tous leurs efforts pour la mettre à la mer. A notre départ d'Anvers, elle avait été transformée en cage gigantesque et elle renfermait une grande quantité de porcs, d'oies et de volailles; une jolie chèvre, qui nous donnait du lait frais tous les matins, y couchait également la nuit. Lorsque le charpentier reçut du capitaine l'ordre de mettre les embarcations en état de prendre la mer, il s'était élancé vers la chaloupe la hache à la main, abattant en aveugle et en désespéré cloisons et barreaux. Mais comme il arrivait souvent que le tranchant de la hache atteignait quelques-uns des animaux, ceux-ci s'élançaient ensanglantés sur le pont, couraient affolés dans nos jambes, poussant des cris de douleur, et augmentant le désordre d'une façon indescriptible.

Le bâtiment baissait à vue d'œil et l'horizon se resserrait autour de nous; j'allai trouver le capitaine et lui fis part du désordre dans lequel se trouvait la majeure partie de l'équipage.

— Nous sommes perdus, me dit-il, si je ne vais le commander, relever son moral; mais je ne puis pourtant laisser le gouvernail, car notre seule chance de salut est de jeter le navire à la côte.

— Je vous remplacerai à la barre, capitaine, si je le puis, lui dis-je avec entraînement.

— Eh bien! je vous la confie, reprit-il après un moment d'hésitation. Maintenez-la dans cette position.

Je me mis au gouvernail; le capitaine d'un bond s'élança de la dunette sur le pont, et quelques cris sourds, accompagnés d'énergiques jurons, me firent comprendre qu'une vigoureuse impulsion allait être donnée au sauvetage. Je ne pouvais rien distinguer d'où j'étais, mais on paraissait travailler avec activité et le calme succédait au tumulte. Ce calme du désespoir me paraissait plus horrible que le désordre qui l'avait précédé.

Mais où est le second du *Rubens* dans ce moment suprême? Qu'est-il devenu, lui, l'auteur du désastre? Sans doute il travaille ardemment au salut de tous; il est le premier là où il y a besoin d'énergie et de vigueur! Non! le second du *Rubens* est dans l'office, demandant à une bouteille de gin une ivresse qui lui donne le mépris de la mort!

Certes, chacun pensait à la mort, car elle était comme inévitable; mais du moins chacun avait assez de cœur pour défendre avec sa vie celle de ses compagnons. Il buvait, le lâche! lorsqu'un moment de perdu, une seconde de faiblesse suffisait pour perdre seize personnes dont il répondait comme marin et plus encore comme officier. Il buvait! quand un passager, novice aux choses de la mer, se tenait à la barre. Il buvait! quand il n'y avait que quelques minutes à donner à la prière, à la famille, à cette patrie qu'il ne reverrait plus!... Lâcheté incompréhensible chez cet homme et qui eût été punie de mort à bord d'un navire de guerre.

Un des canots de l'arrière est enfin lancé à la mer. Je le vois qui s'éloigne. Quatre hommes seulement le montent. Cette embarcation était tellement disloquée, l'eau y entrait avec tant d'abondance que le capitaine Meyer, ainsi qu'il me le dit plus tard, avait été obligé d'y précipiter et d'y maintenir un instant par la force le charpentier et trois matelots qui refusaient de s'y embarquer. Un silence profond continue à régner autour de moi, et comme la voile du grand mât me cachait ce qui se passait sur le pont, que je ne pouvais être vu par ceux qui s'y trouvaient, je me figure tout à coup que je suis oublié, abandonné... Je quitte le gouvernail, je vais me précipiter de la dunette à la mer, quand je vois soudain le navire tourner sur lui même, les voiles qui étaient immobiles battre follement contre les mâts, et une voix que je n'oublierai jamais, celle de Meyer, s'écrie :

— Malheureux passager, vous nous perdez ! Reprenez la barre !

Nous retournions sur les récifs.

Tout ceci fut aussi rapide que la pensée ; comprenant ma faute, je ressaisis le gouvernail avant même que le capitaine pût me rejoindre : je lui jurai de ne le laisser que lorsqu'on m'appellerait.

La solitude se fit de nouveau autour de moi, et mon isolement me causait une sorte d'agonie morale.

Lorsque le navire heurta pour la première fois contre les récifs, l'homme qui était placé à la barre, un Hollandais colossal, l'abandonna. La roue en chêne qui sert à la diriger, livrée dès lors à elle-même, s'était mise à tourner violemment, et rencontrant dans ses mouvements désordonnés quelques épaves, les dents dont elle est munie se brisèrent, à l'exception d'une seule. Il me fallut donc ployer un genou, tenir la roue embrassée et user de toutes mes forces pour maintenir le navire dans la direction que m'avait indiquée le capitaine. Dans cette position critique, quand je sondais l'horizon à ma droite, je n'apercevais qu'un point brumeux : c'était la terre. A ma gauche, bien loin, à l'extrême limite de la mer, une ligne étroite bien tranchée, d'un rose vif, dispersait rapidement les ténèbres de la nuit et annonçait l'approche du jour. La lune qui s'était débarrassée de ses nuages scintillait joyeusement sur les flots. Quand je levais les yeux vers Dieu, le ciel se montrait à moi tout brillant d'étoiles. Quel contraste, quand la mort grondait sous mes pieds ! Tout à coup un oiseau de mer voltigea paisiblement sur ma tête en faisant entendre un cri doux et plaintif. Ce fut la colombe de l'arche, car une voix, celle d'un novice, m'appelait au même moment avec énergie. Je sautai du pont dans une chaloupe où, pêle-mêle, chacun était entassé. Il était temps : les vergues flottaient déjà dans l'eau, et nous étions à peine à vingt brasses que nous vîmes *le Rubens*, toutes ses voiles dehors, toujours beau, s'engloutir entièrement pour paraître un instant encore et s'abîmer enfin pour toujours. Ce spectacle fut si grandiose que nous faillîmes, en trop le regardant, être entraînés dans le tourbillon où venait de s'engouffrer le navire !

VIII

En mer. — Les points noirs. — Joachim Livramento.
— L'oasis.

« Nous sommes presque sauvés », ose dire une voix, en voyant que le jour qui commençait à poindre nous laissait découvrir la terre à une distance de quatre lieues.

On rame longtemps avec courage, sur une mer frémissante et comme courroucée de voir sa proie lui échapper. Vers les dix heures, sous l'ardeur du soleil qui nous brûle, les forces des matelots commencent à s'épuiser. Rien pour les ranimer ; rien pour apaiser la soif et la faim dont nous souffrons, car nous n'avons pu embarquer dans les chaloupes ni eau, ni biscuit, ni voile. La soif surtout devient horrible. Toutes les lèvres sont gercées, et le sang que quelques-uns en font jaillir semble les soulager. Deux requins, en se jouant, suivaient notre embarcation.

Un des canots s'est heurté contre les flancs du navire avec tant de violence que ceux qui le montent désespèrent de s'y maintenir. Le second, qu'on y a placé et dont l'ivresse se dissipe en face de ce nouveau péril, s'écrie à tous moments qu'il va sombrer... Il pleure... On lui jette une corde, et nous le remorquons. A midi, la terre est tout près de nous, mais on n'ose aborder, car les falaises d'une élévation prodigieuse en défendent l'approche, et nous pourrions nous y briser. Le capitaine, pâle, les cheveux en désordre, ne semble plus tenir à la vie, et l'équipage, sombre et taciturne, regarde avec une inquiète préoccupation cette terre brûlante, décharnée, fauve comme la peau d'un lion, et sur laquelle l'œil cherche en vain un indice de végétation.

Quant à moi, ployant sous le soleil qui darde ses rayons sur ma tête nue, mourant de soif, j'évoque tous les souvenirs des naufrages célèbres; mon imagination, surexcitée par la fièvre que me donnait la faim, se peuple des fantômes les plus hideux. Je me rappelle que c'est sous ces latitudes brûlantes, presque dans les mêmes eaux que se déroula le sombre drame du naufrage de *la Méduse*. Et alors, sur les flots empourprés, à cent mètres de moi, dans un mirage horrible, m'apparut soudain le tableau de Géricault. Un instant je crus voir les personnages qui composent cette toile admirable se mouvoir, me sourire hideusement, et m'inviter par un geste de leurs mains décharnées à aller les rejoindre sur le radeau. Fermant les yeux pour éviter la vision sinistre, je me demandai bientôt quel serait notre sort quand nos mains épuisées ne pourraient plus manier la rame ! Si, lorsque viendrait la nuit, nous ne perdrions pas de vue la terre et, portés par les courants qui avaient poussé *le Rubens* sur les récifs, nous ne serions pas entraînés fatalement au large ? Je me souvins en ce moment avec effroi que j'avais déjà été presque abandonné sur la dunette par le capitaine et l'équipage et que, sans l'appel du novice, je serais roulant sous la vague ou dévoré par les requins. En outre, des dix-sept naufragés, j'étais le seul qui n'appartînt pas à la mer ; je n'entendais ni le flamand ni le hollandais que parlaient mes compagnons : mon abandon, ma mort, pouvaient être discutés devant moi sans que je pusse en soupçonner quelque chose. Quelle serait la première victime si la faim les poussait à d'horribles extrémités ! Ce ne pouvait être que moi, et pour donner le change à mes idées, je ramais parfois avec rage, puis, m'arrêtant tout à coup dans la crainte d'épuiser mes forces, je m'élançais debout vers l'avant du bateau, interrogeant l'horizon avec anxiété. Quelle immensité et que nous étions petits ! Il me paraissait presqu'impossible, qu'un navire, eût-il été en vue, pût distinguer nos embarcations.

Vers les deux heures, nous croyons voir sur les dunes trois points noirs qui paraissent s'agiter et venir vers nous en faisant des signaux. Sont-ce bien des hommes ? Telle est la question qui vole de bouche en bouche, et quand le doute est dissipé, quand nos yeux ont bien distingué des formes humaines, un cri d'espérance s'échappe de nos poitrines haletantes! La joie illumine alors tous les visages, nous respirons plus largement, et les embarcations semblent voler vers l'anse qui nous est indiquée de terre. Comme nous n'avions rien sauvé, sauf ma cassette que j'avais retrouvée dans un des canots, on se promit de garantir les embarcations, c'est-à-dire d'empêcher qu'elles ne se brisent en abordant à la plage où déferlait une mer furieuse. — On les aurait vendues pour se faire quelques ressources. Mais, à une brasse du rivage, les lames sont tellement violentes qu'elles culbutent tout, renversent hommes et chaloupes et nous roulent pêle-mêle sur le sable du rivage, d'où nous nous relevons avec peine mouillés, meurtris et sanglants. Une montagne d'eau a soulevé les canots une dernière fois et les ramène vides en pleine mer. Le naufrage était complet.

De sa vie, nul de nous n'oubliera le spectacle qui s'offrit à nos yeux lorsque, revenus du choc que nous venions d'essuyer, nous jetâmes sur nous-mêmes un coup d'œil de pitié. Dix-sept hommes, à moitié nus, affamés, mourant de soif, étaient là, debout, sur un terrain aride, sablonneux et brûlant ; à leurs pieds se brisait une mer furieuse, d'un vert cuivré, et sur leur tête un soleil des tropiques épanchait toute sa lumière et tous ses feux. Ce qui rendait encore cette scène plus étrange, c'est qu'autour d'eux sautaient, gambadaient, dans un état de nudité presque complet, les trois noirs qui nous avaient fait signe de débarquer. Leur joie était sans doute de bon augure, et nous ne devions y voir que l'explosion d'un sentiment tout désintéressé et généreux, puisque notre misère était d'une éloquence extrême. Ils nous firent signe de les suivre.

Nous ressentîmes une joie d'enfant en faisant nos premiers pas sur le terrain solide de l'île de Boa-Vista. Pendant quelques instants nous oubliâmes les dangers passés, les craintes de l'avenir, pour nous livrer entièrement au plaisir de fouler ce que Rabelais qualifie, dans sa langue pittoresque, de *plancher des vaches*. Ceux qui étaient pieds nus, et j'étais du nombre, car mes pauvres pantoufles se détachèrent de mes pieds lors de notre malheureux débarquement, feignaient de ne pas s'apercevoir que les cailloux leur déchiraient les pieds.

Nous marchâmes environ deux heures dans un désert des plus sauvages ; pas un arbre, pas une plante, pas un oiseau. J'ai vu, depuis cette époque, les déserts de l'Égypte et de l'Arabie heureuse; comparés à ceux de Boa-Vista, ce sont des oasis. Par moments une odeur atroce qui nous empêchait de respirer s'élevait de quelques lacs stagnants que nous étions forcés de côtoyer. Le sel qui se formait autour de ces marais et le sable des collines, à travers lesquels nous marchions, brillaient d'une telle blancheur que nous étions parfois éblouis. En outre, l'air était embrasé, le ciel étincelait, et à la moindre brise nos yeux souffraient horriblement des nuages de sable enflammé qui nous enveloppaient comme de légers voiles d'argent.

Nous arrivâmes exténués aux quelques misésérables huttes qui composent la *fazença* ou ferme de Curral-Viello. Quatre à cinq familles de pauvres noirs y vivent ignorées du monde entier. Elles se nourrissent du produit de la pêche, de lait et de viande de chèvre. Un champ de cotonniers, joint à chaque case, fournit aux hommes les chemises blanches dont ils ne se parent qu'aux jours de grande fête, et les femmes tissent également de son produit les longues robes bleues et les mantilles flottantes dont elles se couvrent pudiquement les épaules et le visage, comme les femmes cophtes d'Égypte, et à la mode antique des filles de Judée.

Un mulâtre, Joachim Livramento, était comme le seigneur ou plutôt comme le patriarche de la tribu. Ce fut cet excellent homme qui nous reçut tous avec une indicible bonté, et mon cœur bat encore d'émotion en me rappelant l'hospitalité véritablement antique avec laquelle il nous accueillit. On égorgea plusieurs chèvres qui nous furent servies entières et rôties ; nous eûmes en abondance du poisson frais, et, en guise de pain, inconnu dans cette région, du maïs grillé sur le charbon. De notre vie aucun de nous n'avait mangé de si bon appétit. Dès que nous fûmes un peu reposés, Joachim, vers lequel je me sentais porté par une véritable affection, m'offrit, selon le désir que j'en avais manifesté, d'aller voir ses plantations de maïs et de cotonniers, ses troupeaux de vaches, d'ânes et de chèvres. Il était content, cet homme généreux, de me montrer toutes ses richesses, qui, disait-il, lui donnaient l'indépendance. Je lui demandai comment il pouvait vivre dans ce désert, il me répondit en souriant :

— J'ai occupé pendant longtemps des fonctions assez importantes dans la capitale de cette île, mais j'ai été bien vite dégoûté des grandeurs : mon teint olivâtre et mes cheveux crépus me rappelaient trop souvent quand j'étais en présence de quelques Européens que j'étais né d'une mère esclave ; car vous êtes ici, ajouta-t-il, dans une terre où l'esclavage subsiste encore. Je suis né libre cependant, et quand, à force d'économies, j'eus rassemblé quelques troupeaux, je me mariai, et fuyant la ville, je suis venu planter ma tente sur ce point isolé. J'y vis heureux et quelquefois utile, comme vous le voyez, car souvent les récifs qui entourent Boa-Vista jettent entre mes mains de malheureux naufragés. Beaucoup comme vous mourraient de faim si mon œil attentif ne consultait journellement la mer, afin d'y découvrir une embarcation en détresse et lui indiquer le lieu où un débarquement est possible. Puis, me dit-il après quelque hésitation et par crainte de m'effrayer, comme je le sus plus tard, la ville de Boa-Vista,

— l'île porte le nom de sa capitale, — est très-malsaine et la fièvre y fait souvent des ravages. Ici je jouis d'un air plus pur.

Il disait ces mots qui ne jetèrent dans mon esprit qu'une inquiétude passagère, lorsque nous arrivâmes auprès d'une fontaine, délicieuse oasis entourée de quelques cocotiers dont les feuilles frémissantes s'agitaient avec un léger bruit au souffle de la brise du soir. Nous nous assîmes sur ses bords pour contempler un magnifique coucher de soleil, dont les feux en s'éteignant irisaient les immensités de l'océan et du ciel.

Tout à coup, Joachim poussa une joyeuse exclamation; il venait d'apercevoir un groupe de femmes se dirigeant vers la fontaine. Elles s'avançaient lentement vers nous, portant sur leurs têtes de longs vases en terre rouge, qu'elles venaient remplir d'eau; mais, dès qu'elles s'aperçurent que Joachim était avec un étranger, elles cachèrent à moitié leur visage sous les plis de leurs mantilles bleues. Celle qui marchait en tête était la femme de mon ami; elle était plus noire que lui, et je fus tout surpris de découvrir sur ses traits beaucoup de noblesse et de beauté. J'ignorais que les naturels des îles du Cap Vert étaient d'un beau type européen, tout en étant d'un noir d'ébène.

Les pieds nus des négresses me frappèrent par leur petitesse ; les yeux sont admirables de grandeur et d'éclat, et la jeune femme de Joachim fut réellement sublime de naturel et de simplicité lorsque, pour me faire comprendre qu'il fallait prendre courage et espérer, elle me montra le ciel du regard et de la main. Rien de plus biblique que le tableau que j'eus alors sous les yeux.

Quand nous revînmes à la fazença, nous vîmes que les noirs de l'habitation avaient revêtu leurs blanches chemises, et les femmes et les jeunes filles leurs robes bleues des jours de fête. Tous avaient le désir de danser et attendaient avec impatience que le maître d'équipage ait appris l'air de la *polka nationale* à un jeune noir, inventeur d'un violon ingénieux fait avec une noix de coco. Ce fut vite fait, une grange se transforma en salle de bal, et presque toute la nuit les belles négresses en firent les honneurs à nos matelots ravis.

IX

Boa-Vista, capitale. — Deux cavaliers.

Le lendemain, jour de Noël, à cinq heures du matin, tout le monde était debout. Nous déjeunâmes des débris du repas de la veille, et après avoir fait de vifs adieux aux bons habitants du Curral-Viello, nous nous mîmes en route pour Boa-Vista, la capitale de l'île. Ce qu'on appelait la capitale était, pour notre malheur, situé exactement à l'opposé du lieu où nous nous trouvions. Le capitaine Meyer et moi nous étions à cheval, et l'équipage sur des ânes tout aussi rusés, tout aussi têtus que leurs collègues d'Europe. Ils se laissèrent monter tranquillement, mais, lorsque le signal du départ fut donné, sur toute la ligne la débâcle fut générale.

Une seconde leur avait suffi pour se débarrasser de leurs cavaliers flamands. Ce ne fut qu'après des rires homériques, des jurements à faire crouler le ciel, que la caravane parvint, tant bien que mal, à se mettre en route. Mais le maître-d'hôtel, rondelet comme une boule de graisse, ne parvint jamais à rester longtemps en place. Le malheureux se rappellera toute la vie ses débuts en équitation, et il fut si maltraité, qu'il resta huit à dix jours couché la face contre terre, sans oser prendre une position contraire.

Nous restâmes dix mortelles heures à cheval, tantôt galopant dans d'étroits sentiers à peine tracés sur les crêtes des volcans éteints, d'autres fois marchant avec précaution au milieu de pierres roulantes et de rochers aigus, de ceux qui portent le nom de *dykes* en Auvergne. Dans les vallées nous rencontrions des vapeurs méphitiques qui engendrent des fièvres implacables, mais nulle part l'apparence d'un être quelconque.

A peu de distance de Boa-Vista, nous découvrîmes, chevauchant devant nous, deux cavaliers vêtus avec une extrême élégance et dont les mains étaient recouvertes de gants couleur paille d'une irréprochable fraîcheur; leurs bêtes étaient réellement magnifiques et de sang arabe.

— Qui, diable, dis-je à Meyer, peut se promener ici en gants jaunes et avec une tenue qui ne serait pas déplacée au bois de Boulogne ?

— Je gage que ce sont des nègres, me répondit le capitaine ; ils sont fous de toilette, et comme c'est jour de Noël, ils ont revêtu leurs plus riches habits.

— Mais où ont-ils pris ces vêtements, ces gants jaunes, ces bottes vernies ?

— Ce sont les épaves de quelque naufrage, soyez-en certain ; la population de ces îles ne vit que de cela ; et, si *le Rubens* promet aux flots de jeter nos malles à la côte, nous verrons bientôt nos paletots sur le dos de quelque insulaire.

Au bruit de nos montures, les élégants avaient tourné la tête de notre côté ; — ils étaient en effet parfaitement noirs. Notre précaire état n'eut pas l'air de les surprendre ; mais l'un d'eux, le plus jeune, m'offrit tout de suite de partager son dîner, ce que j'acceptai sans prévention et sans cérémonie. Il invita également Meyer, qui dut refuser, ayant à s'occuper de son équipage.

X

Les fièvres. — Le consul mulâtre. — La vente d'esclaves. — Marie-Harlowe. — La dame française. — Une morte à la mer.

En entrant à Boa-Vista, nous fûmes étonnés du spectacle qui s'offrit à notre vue. Deux mois avant notre arrivée, un typhon avait passé sur l'île et avait effondré, balayé tout ce qui avait l'apparence d'un édifice, d'une maison un peu élevée. L'église gisait par terre, peu ou point de toitures aux maisons. L'ouragan n'avait respecté que quelques granges et les misérables huttes des naturels. Mais ce qui nous frappa réellement d'horreur et de stupéfaction, ce fut l'aspect des indigènes accourus en foule au seuil de leurs habitations pour voir le défilé de notre pittoresque caravane. Pas une figure sur laquelle la fièvre n'eût laissé sa livide empreinte ; pas un corps qui ne fût hideusement décharné. Des femmes maladives aux seins pendants portaient à califourchon sur leurs hanches de petits êtres couleur de terre argileuse qui n'avaient plus aucune apparence humaine. Tout cela était revêtu de haillons sordides ; nos cœurs se soulevaient, nos regards étaient terrifiés.

Plein de noirs pressentiments, je laissai le capitaine, qui se rendit chez un noir nommé da Silva de los Santos, faisant les fonctions de consul anglais, et je suivis le jeune dandy qui m'avait invité à dîner. Assis à sa table, je remarquai qu'il se tenait éloigné de moi, par déférence pour une couleur blanche dont jusqu'à ce moment je n'avais pas soupçonné le privilége. Ayant amené la conversation sur l'état sanitaire de l'île, j'appris qu'elle était ravagée en ce moment par les fièvres et que la veille de notre arrivée on avait enterré quarante morts.

— Votre capitaine, me dit-il, a tort d'aller chez da Silva de los Santos ; sa maison est une des plus infectées de l'île ; de quarante esclaves dont il était possesseur, un seul est encore debout ; sa femme, ses filles sont atteintes de l'épidémie, et lui-même a la fièvre tous les deux jours. Les fièvres se gagnent.

Je ne fis qu'un bond de la maison de mon amphitryon à celle de da Silva, et quels ne furent pas mon étonnement et mon effroi en voyant le capitaine Meyer attablé en face d'un grand squelette animé, aux yeux immenses, au teint cadavéreux. C'était le señor da Silva de los Santos, vice-consul de S. M. Britannique à Boa-Vista.

— Capitaine, lui dis-je, levez-vous, vous êtes chez des pestiférés !

— Peuh ! fit Meyer d'un air indifférent, autant mourir de la peste que de la faim. Croyez-vous, ajouta-t-il en français, de manière à n'être compris que de moi, que j'ai toutes les peines du monde à décider ce moricaud à s'engager à nous prendre en pension ? Il est à moitié mort, et il se soucie peu de nous donner à manger pour nous faire vivre. Mais, retirez-vous, allez continuer votre dîner ; je connais les hommes, et tout mourant que soit celui-ci, si je lui dis que *le Rubens* a dans ses flancs une cargaison de cinq cent mille francs dont une partie peut venir à terre, l'espérance d'en avoir sa part le rendra compatissant.

Meyer avait touché juste ; le consul de S. M. Britannique s'engagea à nous héberger, à nous nourrir, et cependant je dois dire que, lorsque nous pûmes l'étudier davantage, nous reconnûmes qu'il avait un excellent cœur, et que s'il avait accepté la responsabilité de nous prendre à sa charge, c'est qu'il savait que personne dans l'île, excepté lui, n'était en mesure de le faire.

Heureusement que da Silva ne nous logea pas chez lui. On nous conduisit dans une maison à moitié écroulée, mais du moins inhabitée. Le capitaine et moi occupâmes le premier. L'équipage eut le rez-de-chaussée, cave immonde, hantée de rats et de cancrelats, où il trouva pour lit la terre nue. Nous n'étions guère mieux partagés : avec deux chaises et une table, notre ameublement se composait d'un lit formé de deux planchettes sans matelas qui nous élevaient à peine de quelques centimètres au-dessus du sol; pour oreiller une pierre que nous prîmes dans la rue, et, quand nous la trouvions trop dure, notre bras replié. Les couvertures, les draps sont d'un luxe trop rare dans ce pays pour qu'il nous vînt à l'idée d'en demander. Avec cela, pas de glaces aux fenêtres et pas de portes : l'ouragan avait tout emporté on ne sait où. Quant à la nourriture, invariablement de la chèvre et pour pain du maïs grillé ; les jours de gala, du porc. L'eau n'était pas buvable, et nous fûmes bien heureux d'obtenir du thé excellent, qui était venu à Boa-Vista, envoyé pour nous sans doute par la Providence. Mais ce qui était le plus sensible, c'était le manque absolu de linge.

Quand mon *vêtement indispensable* avait besoin d'être rafraîchi, j'allais au bord d'un ruisseau et le donnais à laver à quelque négresse qui me rendait de grand cœur ce service. Pendant qu'elle le lavait, je me baignais, et tout était pour le mieux dans le pire des mondes.

Un jour pourtant, le fils d'un médecin de l'île qui vit ce manége m'envoya par une négresse, des souliers, — j'étais nu-pieds, mes pantoufles m'ayant abandonné, — un chapeau et deux chemises. C'était, il m'en souvient, le jour du premier de l'an que me furent envoyés ces utiles cadeaux. La négresse, après avoir déposé sur un banc le petit paquet contenant les présents du docteur, prit tout à coup un air mystérieux, confus, et sortant de la poche de sa robe une bouteille en verre blanc pleine de lait de chèvre, puis un papier enveloppant un petit objet de forme ovoïde, elle mit le tout dans mes mains en me donnant à comprendre que cette offrande lui était personnelle. Je dépliai tout surpris le papier, il contenait une amande sucrée dont la fabrication remontait à quatre ou cinq ans... Je fus touché de l'attention de la pauvre femme plus peut-être que de celle de son maître. Quand elle partit, je lui serrai les mains, et, la reconduisant jusqu'au seuil de ma chambre, je l'assurai que je lui garderais toujours un souvenir reconnaissant. Je sus depuis qu'elle était esclave et que, lorsqu'elle vint chez moi, elle n'ignorait pas mon dénûment.

Quelques jours plus tard j'assistai à une enchère d'esclaves que je n'oublierai jamais. Deux pauvres enfants, — une sœur et un frère, — âgés l'un et l'autre de cinq à six ans, étaient devenus la propriété collective d'un groupe d'usuriers qu'une veuve n'avait pu satisfaire avant de mourir. On les vendait par autorité de justice avec les meubles, la vaisselle et quelques volailles que la veuve avait possédés. Le produit général de la vente devait être divisé entre les créanciers. Le frère et la sœur furent mis aux enchères sur une table, l'un après l'autre, non sans avoir été examinés, avant et pendant, par les acheteurs et les oisifs d'une façon révoltante. Ces pauvres enfants quoique paraissant peu comprendre, dès le début, — car ils riaient naïvement, — la lutte dont ils étaient l'objet, s'en rendirent bientôt compte : prévoyant une séparation prochaine, ils se jetèrent dans les bras l'un de l'autre en poussant des cris déchirants. Il fallut employer les étrivières pour les séparer et les remettre entre les mains de leurs propriétaires respectifs.

L'épidémie faisait rage et enlevait jusqu'à vingt personnes par jour. Nous osions à peine sortir par crainte de traverser les décombres de la malheureuse ville dans laquelle tant de malades languissaient. Le soir, cependant, nous nous hâtions, sans regarder autour de nous, de gagner la plage, où nous trouvions la brise vivifiante de la mer. Du haut des falaises, nous découvrions une partie des innombrables récifs qui entourent l'île de toutes parts.

Ces brisants n'ont chacun qu'une longueur de vingt à trente mètres, et il y en a à perte de vue. Autour d'eux, quand le temps est calme, la surface de l'eau est pure et transparente ; mais que le moindre souffle d'air se fasse sentir, ils se couvrent aussitôt d'écume blanche et les vagues s'y succèdent avec rapidité et s'entrechoquent bruyamment. Que la tempête augmente et l'on voit les flots s'élancer par-dessus les rochers, former d'admirables arceaux étincelants et briller de tous les éclairs du diamant lorsque le soleil les frappe.

Nous finîmes par nous diriger de préférence vers un lieu désert dans l'intérieur des dunes appelé le *cimetière des Anglais*. Il y avait là, effectivement, quelques tombes disséminées sur lesquelles se lisaient des épitaphes en langue anglaise. Une d'elles, toute blanche encore, entourée d'une petite muraille, attira notre attention dès le premier jour; nous nous en approchâmes et lûmes sur une dalle de marbre blanc :

CI GIT
MARIE HARLOWE
FILLE DE JOHN HARLOWE
CAPITAINE DE VAISSEAU
AU SERVICE DE S. M. BRITANNIQUE
NÉE EN 1838 — MORTE EN 1848.

—

« Laissez venir à moi les petits enfants! »
J.-C.

Quatre petits sycomores commençaient à grandir aux quatre angles de la tombe; j'allais, chaque soir, chercher un peu d'eau douce pour les arroser; j'y déposais également les quelques fleurs bien rares que je trouvais sur la montagne ou dans la plaine, et lorsque je quittai Boa-Vista, je fis remarquer avec plaisir à Meyer que les arbustes avaient quelque peu reverdi. On comprendra quel contentement secret j'éprouvais à rendre sur cette blanche tombe, isolée, perdue au sein de l'Océan, et sur laquelle pas un ami, pas un parent, ne venait s'agenouiller, une espèce de culte à l'innocence et à la jeunesse.

Cependant le capitaine Meyer devenait de plus en plus inquiet; notre situation empirait, l'épidémie pouvait à la fin nous atteindre; la baie était déserte; à l'ancre, seulement une petite embarcation, appelée *patache* dans le pays, mais qui était loin de pouvoir nous contenir tous. Le capitaine assembla l'équipage et lui manifesta l'intention de s'embarquer pour un point quelconque, Port-Praya, par exemple, capitale de San Yago, une des îles du Cap-Vert et la plus importante. S'il y trouvait en relâche un des bâtiments de guerre en croisière sur les côtes d'Afrique, il déciderait le commandant à venir chercher l'équipage naufragé et à lui donner les moyens de retourner en Europe. Le capitaine offrait de s'embarquer sur la patache, c'est-à-dire de faire en pleine mer, sur une coquille de noix, ce voyage des plus aventureux; perte certaine, si un cyclone, — comme celui de septembre, — eût soufflé sur ces îles.

Les hommes de l'équipage refusèrent. Ils ne voulurent pas, non sans raison, que leur capitaine se séparât d'eux. Il pouvait périr dans la traversée, ne point trouver de secours à Port-Praya : qui donc alors les nourrirait? — Non! leur chef resterait entièrement enchaîné à leur fortune et partagerait bon gré mal gré leur sort.

Meyer vint alors me trouver et me dit avec un singulier mélange de tristesse et de fermeté :

— Passager, il faut que vous partiez demain pour San Yago. Je voudrais bien aller avec vous partager les périls de ce voyage, mais l'équipage s'y refuse. Vous irez donc seul. A Port-Praya, vous trouverez sans nul doute des navires de guerre aux commandants desquels vous direz notre affreuse position. Dès qu'ils la sauront, je ne doute pas qu'ils ne viennent nous arracher d'ici. Avec les fièvres mortelles qui règnent en ce moment en ce pays, dites-leur que nous sommes destinés à mourir promptement s'ils ne se hâtent. Sauvez-nous, passager. Donnez-leur l'exemple du dévouement en partant seul et en nous envoyant des secours, — d'où vous pourrez et comme vous pourrez. D'ailleurs, à Port-Praya, vous trouverez un consul français qui prendra charge de vous, et vous renverra sans doute dans votre patrie... Si vous êtes en Europe avant nous, voyez nos femmes, nos enfants, nos familles; dites-leur l'état dans lequel vous nous laissez, dites-leur la perte du malheureux *Rubens*.

Je fus atterré par ces paroles. Je ne pouvais me faire à l'idée de me séparer de mes compagnons de voyage et d'infortune; de me trouver isolé, sans argent, sans linge, sans connaissance de la langue du pays où j'allais, et sans la certitude qu'un ami m'attendrait dans la nouvelle île où on allait m'envoyer. Puis, la perspective de partir dans l'espèce de chaloupe non pontée qui devait me conduire à Port-Praya, en compagnie de quelques noirs inconnus, était peu attrayante.

— Refuseriez-vous de nous sauver? s'écria le capitaine d'une voix émue en devinant mes pensées.

— Eh non! m'écriai-je à mon tour, entraîné par la grandeur du rôle que j'avais à remplir. Non, capitaine; je partirai demain, et à la grâce de Dieu! ou je resterai avec vous dans ces îles, ou nous mettrons les pieds ensemble, le même jour, en Europe!

Je dormis peu la nuit qui préceda mon départ. Le jour de ce départ sinistre était précisément l'anniversaire de ma naissance, et certes, ce jour-là, ma mère pensait à moi avec anxiété. Le capitaine, l'équipage en masse, da Silva vinrent m'accompagner sur la plage et me donner tous une poignée de main dont l'étreinte silencieuse disait bien des choses à mon cœur. Mon bagage était peu embarrassant; il se composait de trois chemises, de quelques biscuits de mer, dix schellings que le capitaine avait empruntés je ne sais à qui pour me les donner, un certificat du consul anglais attestant que j'étais naufragé, et mon inséparable cassette.

J'étais déjà à bord, étudiant le visage des six noirs auxquels j'étais confié, lorsqu'un cortége lugubre s'avança lentement vers l'embarcation. C'étaient quatre ou cinq fiévreux moribonds qui, à force de prières, avaient obtenu du mulâtre Moreno, le commandant de la patache, de prendre passage à son bord pour être transportés à Maïo et à Port-Praya, où ils espéraient se rétablir. J'avoue que ce détail ne laissa pas que de m'impressionner beaucoup, et je jetai un coup d'œil d'angoisse au capitaine qui y répondit par le mot courage! dont il sentait que j'avais besoin.

Pendant qu'on embarquait un à un mes compagnons de voyage, je distinguai dans le nombre le visage blanc d'une personne très-âgée, portant un costume européen d'une coupe fort ancienne, mais qui, autrefois, avait dû appartenir à quelqu'un d'une classe aisée. On la porta près de moi, et comme les noirs qui la soulevaient ne pouvaient arranger convenablement son lit, je m'offris un instant à la prendre dans mes bras. Elle me regarda avec attention, et quel ne fut pas mon étonnement quand, après l'avoir déposée sur son matelas, je l'entendis me dire en français :

— A vos soins, monsieur, je suis certaine de ne pas me tromper en reconnaissant en vous un compatriote. C'est une bien grande consolation pour moi de vous trouver ici, car, je le sens bien, je n'arriverai pas vivante jusqu'à l'île de Maïo, où j'avais le désir de rejoindre un fils employé de la douane portugaise. Laissez-moi serrer la main d'un Français... ajouta-t-elle, il y a si longtemps que cela ne m'est arrivé !

Elle paraissait si abattue que je craignais de la faire parler ; cependant, vers le soir, elle recouvra un peu de force et me dit qu'à l'époque de la Restauration, son mari, ancien officier de l'Empire, avait voulu passer en Amérique, mais que jetés, elle, lui et un enfant en bas-âge, par un naufrage sur Boa-Vista, leur manque complet de ressources les avait empêchés toujours d'en sortir. Depuis longues années le mari était mort ; elle avait vécu du produit d'une école où elle apprenait à lire à des petits négrillons, et son fils avait été assez heureux pour obtenir un emploi dans les douanes de l'île de Maïo.

Quand la nuit vint, je me couchai tout à fait à l'avant de la chaloupe, afin de ne pas me trouver sous le vent et de n'avoir pas les miasmes des fiévreux à respirer ; mais je n'en étais pas moins à la belle étoile, et j'allais m'endormir, quand un homme de l'équipage m'apporta, de la part de la vieille dame française, une couverture de laine pour me garantir de l'humidité de la nuit.

J'allai la remercier; mais comme elle ne me répondit pas, je la crus endormie et je regagnai mon lit aéré et tolérable désormais, grâce à la couverture chaude qui m'était offerte si à propos.

Mon premier soin, au point du jour, en me levant, fut d'aller voir comment se trouvait ma compatriote; mais, hélas! quelle ne fut pas ma douloureuse surprise en remarquant un espace vide à l'endroit même où je l'avais laissée la veille. J'interrogeai Moreno ; il me dit que, vers les onze heures, des malades lui avaient fait remarquer l'immobilité étrange de la vieille dame; que, s'en étant approché, il l'avait trouvée glacée, morte, et que, quelques instants avant le lever du soleil, on l'avait glissée silencieusement dans la mer par-dessus le bord, afin de ne pas effrayer les autres fiévreux en l'y jetant en plein jour. Sa misérable sépulture ne fut douteuse pour aucun de nous, car, depuis cette nuit, notre embarcation fut suivie par les requins, dont ces parages sont infestés. Trois jours après, nous leur jetâmes une nouvelle pâture.

Je ne raconterai pas les ennuis, les dégoûts sans nombre de cette affreuse traversée de Boa-Vista à Port-Praya; elle dura huit mortelles journées, et ne fut interrompue que par une relâche de dix heures à l'île, ou plutôt, au rocher entièrement stérile qu'on appelle Maïo. J'étais exténué de faim, de soif, brûlé de soleil, car on ne me donnait à manger qu'un peu de riz et des poissons salés; l'eau n'était buvable que pour de pauvres passagers comme nous, et notre embarcation n'avait pas d'abri. En somme, nous dûmes cependant rendre grâce à Dieu d'avoir eu un temps continuellement clair et d'avoir pu ainsi gagner le but de notre voyage dans le délai fixé par le mulâtre Moreno.

XI

Port-Praya. — San Antonio. — Le Fogo.

C'est le 15 janvier au soir que nous arrivâmes dans la rade de Port-Praya, capitale de l'île de San Yago, où mes yeux constatèrent tout d'abord avec terreur l'absence complète de bâtiment de guerre. — Pourvu, me dis-je, qu'il n'en soit pas ainsi du consul de France !

Le cœur me battait violemment en regardant la montagne sur laquelle la ville est bâtie, et dont l'aspect était animé et verdoyant vers le centre. Je pressai Moreno de descendre à terre avec moi le plus rapidement possible, car il devait me présenter de la part de da Silva au consul. Comme il n'y a pas de débarcadère, des noirs taillés en athlètes nous prirent sur leurs épaules nues et nous déposèrent, en marchant dans la mer, de la patache sur la jetée. De là nous gravîmes le chemin sablonneux et escarpé qui conduisait à la ville, et je fus bientôt en présence de M. Oliveira, le soi-disant consul.

C'était un homme jeune encore, à la physionomie assez dure et que je dus regarder comme Œdipe regarda le sphinx. Moreno lui raconta toute mon odyssée, et mes yeux, qui suivaient avec anxiété l'expression de sa physionomie, découvrirent bientôt qu'il n'écoutait le récit de mon naufrage qu'avec une visible contrariété. Quand Moreno eut terminé, il s'adressa à moi dans un mauvais français que je ne comprenais que trop bien, en me disant sans préambule qu'il n'était pas consul de France et qu'on en chercherait vainement un à Praya.

— J'ai bien sollicité, ajouta-t-il assez grossièrement, l'honneur de ce poste, mais votre gouvernement ne m'a pas fait l'honneur de me répondre. Parbleu ! on vous a fort mal conseillé en vous envoyant ici.

Et il se mit à se promener d'un air bourru, de long en large, devant la verandah de son bureau.

J'avoue qu'en ce moment, j'eus comme un accès de défaillance morale ; je sentais que la coupe de mes misères débordait et je me demandai s'il ne valait pas mieux en finir moi-même au plus vite que de mourir lentement de privations. Je me dirigeai vers la porte pour sortir, chancelant comme un homme ivre. A cette vue, d'Oliveira s'écria avec impétuosité :

— Mais où diable allez-vous, señor Français ?

— Qu'ai-je donc à faire ici ? lui répondis-je d'un ton hautain. Je venais malgré moi, — Moreno peut l'attester, — chez celui qu'on m'avait indiqué comme le représentant de ma nation, demander aide et protection. Vous n'êtes pas consul de France, je me retire.

— Vous êtes, reprit-il en s'adoucissant, vous autres natifs de la *belle France*, toujours trop vifs dans ce que vous faites. Peut-être serai-je pour vous un consul.

Les Portugais, les Espagnols et surtout les Anglais croient nous plaisanter beaucoup en se servant devant nous de cette locution de la *belle France*, dont ils prétendent que nous abusons quand nous parlons de notre pays.

— Décidez-vous donc, monsieur, lui dis-je, je vous en prie, et sur-le-champ.

— Non, je vais réfléchir à cela cette nuit. Demain matin, je vous mettrai en présence d'un personnage qui arrive d'Europe, d'un jeune Portugais de mes amis, et qui me dira, en votre présence, si je puis remplir pour vous les fonctions de consul honoraire.

— En attendant, Moreno, reprit-il en portugais, en s'adressant à ce dernier, conduis ce monsieur à l'hôtel; et de ma part qu'on lui donne ce dont il peut avoir besoin. *Boa noite!* bonne nuit !

L'île de San Yago, très-montagneuse comme toutes celles de l'archipel du Cap-Vert, est la seule qui jouisse d'un peu de végétation et de verdure. Les profonds ravins qui sillonnent les flancs des montagnes dont elle est en partie composée sont de magnifiques oasis où l'on cultive avec abondance le café, le manioc, le maïs et la verdoyante canne à sucre. L'oranger et le citronnier y deviennent de grands arbres; l'ananas et le cédrat foisonnent. Les oranges de Port-Praya sont, de l'opinion de ceux qui les connaissent, les meilleures, les plus belles oranges du monde, sans en excepter celles de Chine et de l'Océanie. On y trouve un raisin excellent. Au fond des vallons, d'où s'élancent, à des hauteurs prodigieuses, des cocotiers chargés de fruits, grondent presque toujours des torrents impétueux qui vont se précipiter à la mer. L'eau en est brillante comme le cristal et froide comme la glace. C'est la demeure favorite de nombreux martins-pêcheurs aux ailes d'azur et au bec de pourpre. C'est ici que j'ai vu pour la première fois, perchée au sommet des branches les plus desséchées des tamariniers, la pintade sauvage, et courir sur les flancs sablonneux des falaises quelques flamants aux ailes de feu.

San Yago est donc le jardin de l'Archipel, et les autres îles, ses sœurs, viennent continuellement lui emprunter quelques fleurs, de la verdure et des fruits ; mais elle ne peut leur donner la santé qu'elle n'a pas, car la fièvre s'y fait sentir également. San Antonio est la seule des îles à l'abri du fléau. C'est là qu'on projetait, quand j'étais à Port-Praya, d'établir la résidence du gouverneur et celle de la garnison des troupes noires, natives de ces contrées, qui rendent de si grands services aux Portugais dans leurs colonies de Goa et de Macao.

J'ai dit que le pays est très-montagneux, et le pic de San Antonio ne s'élève pas moins de 2,245 mètres au-dessus du niveau de la mer. Le Fogo, de l'île de Feu, immense cône qui vomit souvent des flammes, mesure 2,392 mètres. Toutes ces montagnes sont évidemment d'une origine volcanique. On assure que, quoique leurs bases soient très-pierreuses, elles pourraient, si on les cultivait, nourrir une population nombreuse. Mais qui peut donc songer à quitter l'Europe pour aller vivre dans ces misérables contrées, à moins d'y être exilé ou jeté par un naufrage ! Sainte-Hélène n'est pas loin !... En outre, il y aurait trop à lutter contre les sables mouvants, qui envahissent tout au gré de la moindre brise, pour pouvoir espérer y établir des plantations durables.

XII

Enrique d'Oliveira. — Francisco Cardozzo de Mello

Lorsque le mulâtre Moreno m'eut conduit à ce que don Enrique de Oliveira nommait un hôtel, c'est-à-dire à une misérable hutte, mon premier soin fut de demander à l'hôtelier du thé et un lit. Le premier me fut servi aussitôt, et quelques instants après je fus conduit au second.

En y arrivant je remarquai que le noir qui m'y conduisait tenait prudemment la lumière hors de la porte de la chambre, dans l'intérieur de laquelle je vis un grabat. Je fis signe que je voulais le flambeau ; le noir s'obstinant à me le refuser, je le pris de ses mains et j'aperçus aussitôt, sur un autre grabat voisin du mien, une figure de connaissance, celle d'un fiévreux passager de la patache, qui me supplia en grâce de faire disparaître la lumière dont la clarté lui brûlait les yeux. Mon intention était loin de vouloir le contrarier, car pour tous les trésors du monde je n'eusse voulu rester un quart d'heure dans l'atmosphère viciée où j'étais appelé à passer la nuit. Sur la réponse que l'hôtelier me fit qu'il n'avait pas d'autre chambre à m'offrir que celle du fiévreux et la sienne, où se querellaient, dans un désordre étrange, tous les animaux domestiques de la création, je sortis de chez lui, indigné contre M. d'Oliveira.

Arrivé sur une petite place, je remarquai que la nuit était des plus sereines ; j'allai m'étendre sous le porche d'une église bâtie au bord de la mer, au sommet d'une falaise, et je ne tardai pas à m'endormir profondément.

Le soleil se levait déjà radieux et enflammé à l'horizon, quand je sentis les plis d'une longue robe noire flotter sur moi ; j'entendis une voix courroucée m'engager, en mauvais anglais, à aller porter mon ivresse dans un lieu plus profane que celui où je me trouvais, et à ne pas barrer aux fidèles les portes de l'église d'une façon si inconvenante. C'était un *padre* noir qui allait dire sa messe et qui me prenait pour un matelot anglais en goguette. Je me levai en souriant sans lui répondre, sans m'offenser du quiproquo, mais songeant comment il était facile, même aux gens d'église, de porter des jugements téméraires.

J'étais entré dans l'église à la suite du curé ; mais, chassé aussitôt par la musique enragée qu'un nègre y faisait en jouant des polkas et en se démenant comme un diable sur un orgue qui devait remonter à Vasco de Gama, je me dirigeai vers la maison de celui auquel, la veille, je m'étais présenté.

Je ne ressentais aucune émotion en me rendant chez d'Oliveira, où je savais pourtant que j'allais toucher au dénoûment d'une des crises suprêmes de mon existence. Je ressemblais à un infortuné voyageur qui, souffrant depuis longtemps de cette affreuse agonie qu'on appelle le *mal de mer*, peut apprendre avec une indifférence complète les calamités les plus grandes. J'en ai vu beaucoup et de très-braves qui eussent sérieusement désiré que le navire qui les portait vînt à sombrer avec eux, afin de hâter l'heure qui devait marquer le terme de l'intolérable malaise.

M. d'Oliveira était heureusement sorti lorsque j'arrivai chez lui, et j'allais, en l'attendant, feuilleter quelques journaux anglais épars sur une table de son salon, lorsque se présenta devant moi un tout jeune homme, vêtu avec élégance, au sourire gracieux, et dont l'abord plein de cordialité ranima mon cœur ulcéré. Il me dit que d'Oliveira venait de lui écrire un petit billet, l'invitant à passer chez lui pour l'entretenir au sujet d'un naufragé qui lui était *tombé des nues.*

— A vos vêtements empruntés, à votre teint brûlé, à votre barbe inculte, ce naufragé, ajouta-t-il, ne peut être que vous. Racontez-moi, je vous prie, vos aventures, et soyez persuadé que je sympathise d'avance et de toute mon âme à vos infortunes...

Tout cela m'était dit en excellent français et avec un tel sentiment de bonté dans la voix et de compassion dans le regard, que je n'hésitai pas une seconde à lui faire le récit qu'il demandait. Je n'omis rien de l'histoire de ma vie depuis deux mois ; le naufrage du *Rubens*, mon départ de Boa-Vista sur l'horrible patache, la promesse que j'avais faite en partant au capitaine Meyer et à son équipage de leur envoyer des secours à mon arrivée à Port-Praya, enfin l'inconcevable accueil que j'avais reçu de celui chez lequel nous nous trouvions.

Francisco Cardozzo de Mello, — c'était le nom du jeune homme, — m'avait écouté avec beaucoup d'attention, et lorsque j'eus terminé, il me dit que l'engagement que j'avais contracté vis-à-vis de Meyer et de l'équipage à Boa-Vista était risqué et qu'il ne me serait pas facile de le remplir.

— Il est évident que, si l'on vous a fait quitter le point où vous fîtes naufrage, ce n'est que dans le but de faire connaître au loin la perte du *Rubens* et la triste situation dans laquelle se trouvent le capitaine et l'équipage. Si vous parvenez un jour à arracher vos compagnons d'infortune du triste rocher où peu d'occasions s'offriront à eux de retourner en Europe, ils ne devront jamais oublier qu'ils vous doivent la vie et leur retour au pays. Mais n'avez-vous rien sauvé ?

— Rien, répondis-je, comme valeur que je puisse échanger contre un morceau de pain, mais beaucoup, j'en suis persuadé, pour avoir un titre à votre considération.

Et je lui tendis les lettres de madame Sand, bien convaincu que ce nom, si haut placé dans les arts, ne pouvait être inconnu à ce jeune homme, dont la connaissance de la langue française paraissait si parfaite. Je savais, en outre, de la veille, par d'Oliveira, qu'il connaissait la France et qu'il était arrivé tout récemment d'Europe. A peine eut-il entrevu les signatures, que ses grands yeux bleus s'animèrent ; il battit des mains joyeusement, puis, remettant avec rapidité les précieuses missives dans leurs enveloppes, il s'empara de moi en me disant :

— Partons avant que d'Oliveira n'arrive. Je vous enlève, vous serez mon hôte. D'Oliveira n'est qu'un avare qui vous renverra ce soir là où il a eu l'infamie de vous envoyer hier. Vous êtes Français, naufragé ; ces lettres prouvent que vous avez été distingué par le plus grand littérateur de notre époque, par un génie pour lequel mon père, mort ici dans la déportation pour ses idées républicaines, professait une vive et ardente admiration. En vous accueillant, j'honore la mémoire de ce père chéri. C'est plus qu'il n'en faut, vous le voyez bien, pour que vous méritiez mes sympathies... Soyez mon ami; dès ce jour, je m'honore d'être le vôtre...

Pendant qu'il parlait ainsi, fort animé et plein d'expansion, je sentais qu'un nuage passait devant mes yeux; je pleurais, et, sans trop me rendre compte de mes sensations, je me laissai entraîner hors de la maison inhospitalière de d'Oliveira par la main de mon nouvel ami.

XIII

Une maison portugaise à Port-Praya. — L'*Oranjo*. — L'esclave noir. — *Le Funchall*. — Retour en Europe.

La *caza* de Francisco Cardozzo de Mello était une des plus belles de Port-Praya. Lorsque nous entrâmes dans sa vaste cour qu'entouraient un immense rez-de-chaussée et une spacieuse *verandah*, il y régnait une grande animation. Quarante esclaves environ, de tout âge et de tout sexe, s'occupaient à différents travaux en s'égayant de chants et de rires. Des groupes de noirs broyaient dans de larges mortiers la racine du manioc pour en faire de la farine à couleur d'or, qui est la principale nourriture des indigènes; d'autres déposaient délicatement, dans de légers paniers tressés avec des joncs d'une blancheur extrême, de belles oranges destinées à être envoyées aux îles voisines qui en sont dépourvues. Des nègres liaient en faisceaux la canne à sucre qu'ils allaient broyer au moulin. De jeunes négresses admirablement faites, nues jusqu'à la ceinture, enlevaient de sa pulpe desséchée le coton que d'autres négresses plus âgées préparaient au tissage et à la teinture. Pour donner plus d'animation à ces groupes pittoresques, sur des monceaux de feuilles de maïs, arrachées encore vertes à leur tige afin qu'elles pussent servir de pâture aux troupeaux, s'ébattaient des nichées de petits négrillons sur lesquels un soleil brûlant frappait d'aplomb, donnant à leurs contours potelés et enfantins tout le poli et le brillant du bronze.

Francisco était idolâtré non-seulement de son excellente mère, Mariana de Mello, mais encore de trois vieilles tantes qui ne vivaient que pour lui. Aussi, reçus-je d'elles, du moment que je leur fus présenté par leur enfant chéri, un accueil vraiment maternel. J'eus ma part de toutes les gâteries destinées à Francisco, et *Vert-Vert* chez les visitandines n'était pas plus gâté que nous.

A peine chez lui, mon ami m'avait conduit dans une vaste chambre où se trouvait un nombre assez considérable de coffres et de malles qu'il n'avait pas eu encore le temps d'ouvrir depuis son arrivée d'Europe. La première qu'il déboucla contenait une collection fort intelligente des livres de nos meilleurs auteurs; et ce fut avec un orgueil véritable qu'il me montra tout ce qui, à l'époque, avait paru des œuvres de George Sand. Il paraissait trop bien connaître les œuvres de ce fécond génie, et il me connaissait trop peu pour que je ne rendisse pas instantanément et à qui de droit tout le mérite de la réception spontanée et cordiale qui m'était faite. De sa garde-robe il tira des vêtements légers, qu'il fallut bien, cédant à ses instances généreuses, faire succéder aux miens qui tombaient en lambeaux. Mais ce qui me remplit de joie, ce fut de lui voir écrire immédiatement à d'Oliveira de n'avoir plus à s'inquiéter de moi.

Du moment providentiel de ma rencontre avec mon généreux protecteur date une période heureuse qui ne fut interrompue que quatre mois après, lorsque de nouveau je quittai la France pour aller traverser de nouvelles mers, les déserts de l'Égypte et braver les chaleurs accablantes des Indes.

Pendant les quinze jours que je restai à Port-Praya dans l'attente d'un bâtiment en partance, nous fîmes avec Francisco de longues et intéressantes promenades à cheval sur les flancs dénudés des montagnes, d'où nous découvrions la mer et une partie des îles de l'Archipel. Mais notre excursion favorite était à sa belle propriété de l'*Oranjo*, située dans le fond d'un vallon, où croissaient avec une vigoureuse fécondité toutes les richesses végétales des tropiques ; quand la chaleur était accablante, à l'heure où tout le monde se livrait à la douceur énervante de la sieste, je m'y rendais et j'y jouissais toujours d'une fraîcheur délicieuse. On se trouvait là comme au milieu d'une corbeille dans laquelle on aurait jeté à profusion des oiseaux, des fruits, des papillons et des fleurs. Un impétueux torrent animait du bruit de sa course effrénée au travers des rochers volcaniques cet endroit charmant. J'avais beau dire à Francisco que j'aimerais à passer mon existence dans cette délicieuse retraite, il n'en croyait rien ; car il surprenait malgré moi sur mon front de légers nuages, dont l'apparition lui révélait, sans l'étonner, mes secrètes inquiétudes. Naturellement, je songeais très-souvent à mon pays, à mes amis ; je me demandais parfois aussi dans quelle situation pouvaient se trouver mes compagnons de naufrage et avec quelle anxiété ils devaient interroger l'horizon pour y découvrir la voile libératrice. Puis je me disais, si, malgré l'intarissable bonté de cœur de Francisco et de sa mère, je ne deviendrais pas pour eux, malgré moi, gênant et indiscret.

D'Oliveira, froissé sans doute de ce qu'il appelait un manque d'égards de la part de Francisco, s'ingéniait à me faire partir de Port-Praya. Un jour il me proposa de m'envoyer, dans une PATACHE! sur la côte d'Afrique, à Bissao, point infect de la côte d'Afrique où les Portugais ont un comptoir. Je crus que Francisco l'étranglerait et il ne se gêna pas pour l'appeler assassin. Une autre fois, il parla de m'envoyer à Gorée à bord d'un navire américain; mais Francisco s'y opposait encore de toutes ses forces.

— Il faut, disait-il à Oliveira, que *notre* protégé parte par un bâtiment qui ira d'ici directement à Lisbonne. Boa-Vista est sur la route et nous déciderons bien un capitaine quelconque à s'y arrêter vingt-quatre heures pour y prendre les malheureux qui s'y trouvent. Quant à vous, ajoutait-il amicalement, en s'adressant à moi, ne croyez gêner personne chez ma mère; quand vous partirez, vous verrez combien notre chagrin de vous perdre sera réel.

J'avais épuisé depuis longtemps à l'égard de Francisco tout ce que le cœur a de formules de reconnaissance : je ne pouvais plus que lui serrer la main pour lui montrer combien j'étais ému de tant de bontés et de douces paroles.

Une des dernières journées de mon séjour à

Santiago, j'étais à l'*Oranjo*, heureux d'y avoir en arrivant, dès le matin et en l'absence de Francisco, qui n'avait pu m'accompagner, obtenu le pardon d'un pauvre vieil esclave à cheveux blancs. Cet infortuné avait déplu au *fatendeiro*, c'est-à-dire à l'intendant de la ferme, et celui-ci l'avait déjà attaché au pilori pour le fustiger, lorsque j'arrivai juste à temps pour le faire gracier. J'étais à peine assis près de mon site favori, lorsque j'entendis le galop d'un cheval qui s'avançait à fond de train vers l'endroit où j'étais. La course était si furieuse que je ne mis pas en doute que ce ne fût mon ami qui venait me rejoindre ; il avait coutume, se fiant aux jarrets d'acier de ses chevaux arabes, de parcourir ventre à terre le versant du vallon au fond duquel j'aimais à m'asseoir. C'était lui effectivement, et à peine m'eut-il aperçu qu'il s'écria :

— Un navire pour Lisbonne !

Je compris sa pensée, la raison qui lui faisait crever sa bête pour m'apporter plus vite l'heureuse nouvelle, et il se laissa tomber dans mes bras plutôt qu'il ne descendit de cheval.

— Ce matin, me dit-il tout ému par sa course rapide, j'apprends que *le Funchall*, goëlette portugaise venant de Sierra-Leone, avait jeté l'ancre dans la nuit en rade de Port-Praya. Briozo, son capitaine, est mon ami, il fut celui de mon père ;

je me suis donc rendu à son bord aussitôt et je
lui ai annoncé qu'il avait un passager pour Lisbonne où il va, et ce passager, c'est vous, naturellement! Je ne lui ai point parlé des naufragés
de *Boa-Vista*, mais j'ai eu soin de l'inviter à dîner,
et ce soir, au dessert, nous lui en parlerons.

En disant ces paroles, nous étions remontés
jusque dans la grande cour où se trouvait,
comme on le rencontre dans toutes les habitations importantes, le poteau auquel les nègres
esclaves sont liés quand ils ont une correction à
recevoir; j'en détachais mon cheval qui avait
remplacé l'esclave gracié, lorsque ce dernier
vint, presque en rampant, s'agenouiller devant
moi et me baiser la main.

— Que signifie cela? dit Francisco. Vous demande-t-il quelque chose?

Je lui racontai alors que j'avais sollicité son
pardon quand j'étais arrivé le matin à l'*Oranjo*
et qu'en son nom l'intendant me l'avait tout de suite
accordé. Tout en galopant côte à côte dans les
sentiers rocailleux et taillés à pic qui nous conduisaient à Port-Praya, je ne pus m'empêcher
de faire remarquer à Francisco combien la journée était bonne pour son vieux nègre et combien elle le serait aussi pour moi, s'il ne s'y mêlait la pensée que j'allais quitter, et ne plus
jamais revoir, sans doute, un si généreux ami.

Je touche à la conclusion de cet épisode de mes aventures. *Le Funchall* m'admit à son bord, et l'excellente mère de Francisco voulut elle-même prendre part à la confection du trousseau qu'elle croyait nécessaire pour effectuer sans nouvelles privations mon retour en Europe. Lorsque je m'épuisais à la remercier de tant de bontés, elle me répondait simplement :

— Comment ne serais-je pas touchée de votre infortune en songeant que mon fils peut se trouver un jour aussi abandonné que vous ? Votre mère, comme toutes les mères du monde, ne recevrait-t-elle pas un naufragé comme je vous ai reçu ?

Puisse Dieu épargner toujours à la mère de Francisco l'angoisse cruelle de savoir son enfant en péril et la conserver longtemps aux caresses de ce fils adoré ! Le jour de mon départ fut réellement pour lui un jour de deuil. Il dut bien voir que je mis toute mon âme, tout l'élan d'un cœur à jamais reconnaissant dans les derniers embrassements que j'échangeai avec lui sur la plage hospitalière de l'île de San Yago.

Huit jours après cette séparation, je touchais à Boa-Vista. Le capitaine Meyer, l'équipage m'attendaient pleins d'anxiété sur la plage, et lorsqu'ils apprirent que *le Funchall* les transporterait à Lisbonne, la joie, une joie immense se fit dans tous les cœurs. Pendant que j'étais si cordialement reçu à Port-Praya, les infortunés avaient continué à souffrir de toutes les privations imaginables à Boa-Vista. Aigris par une longue misère, l'équipage, sur lequel un mauvais génie soufflait la rébellion, s'était révolté, et un jour, le capitaine Meyer s'étant vu menacer par le second, il avait été obligé pour le contenir de l'étendre presque inanimé à ses pieds.

Mon arrivée mit heureusement un terme à ces aigreurs funestes. Lorsque, quinze jours après, nous découvrîmes à l'horizon les hautes et belles montagnes qui nous annonçaient l'approche de l'Europe, lorsque nous entrâmes, ainsi que je l'avais promis, le capitaine, l'équipage et moi, dans le Tage, dans cette splendide rade de Lisbonne, une des plus belles du monde, les dissensions s'étaient évanouies pour faire place au bonheur de fouler encore une terre européenne.

CONCLUSION

Il m'est bien douloureux de constater ici que, depuis mon départ de Port-Praya, je n'ai plus eu jamais de nouvelles de mon jeune bienfaiteur Francisco Cardozzo de Mello.

En vain, par tous les paquebots du monde, lui ai-je attesté que mon cœur, autant que ma mémoire, lui était resté fidèle, rien, aucun indice, n'est venu m'assurer que je ne suis pas accusé à San Yago d'oubli et d'ingratitude.

D'un point éloigné de la Chine, à Macao, où je fus bien étonné de reconnaître dans la garnison noire de cette colonie portugaise les indigènes du Cap Vert, j'ai adressé, par une occasion directe, un appel à Port-Praya, mais sans plus de succès. Quelquefois, tout attristé de ce silence incompréhensible, il me semble entendre comme une voix bien lointaine et plaintive murmurer : « Ne vous rappelez-vous donc pas les fièvres du Cap Vert? »

Je ne peux croire à cette voix ni ne veux me rappeler ces horribles fièvres.

Lorsque je revins à Paris, après mon triste début sur l'Océan, je me fis un devoir,—je veux dire une joie, — d'écrire à madame Sand pour lui raconter combien ses lettres m'avaient servi dans mon infortune [1]. Je suis bien heureux de transcrire ici sa réponse, non point en raison des éloges par trop flatteurs qu'elle contient pour moi et que j'ai été bien loin de mériter jamais, mais parce que le rayonnement de son nom peut percer les ténèbres dont mon bienfaiteur s'enveloppe. Puisse donc encore cette lettre de madame George Sand parvenir jusqu'aux îles du Cap Vert et porter à Francisco de Mello une double reconnaissance : celle du naufragé qui lui doit le bonheur d'avoir revu sa patrie; celle du cœur d'élite qui lui exprime si admirablement sa gratitude dans les lignes qu'on va lire.

[1] En 1850, je n'avais pas encore l'honneur de connaître personnellement George Sand. — Ce ne fut que dix ans après le naufrage que j'obtins la faveur de lui être présenté.

« A MONSIEUR EDMOND PLAUCHUT,

« Paris.

« Votre lettre m'a beaucoup touchée, monsieur, et dans le service que vous ont rendu les miennes je vois quelque chose de providentiel entre Dieu, vous et moi. Je n'ai pas l'habitude de répondre à cette foule de lettres oiseuses et inutiles qu'on écrit à toutes les personnes un peu connues dans les arts, et auxquelles le temps et la raison ne permettent pas de donner une attention sérieuse. Mais la première que je reçus de vous me prouva par sa modestie et sa sagesse que je devais faire une de ces rares exceptions qu'on est heureux de signaler, et autant qu'il m'a été possible, j'ai répondu aux discrets et généreux appels de votre esprit délicat et sensé. Je m'en applaudis doublement aujourd'hui, en apprenant que mon estime et ma sympathie vous ont assuré celles d'un homme généreux dans des circonstances funestes. Faites savoir, je vous en prie, à M. Francisco Cardozzo de Mello que je suis de moitié dans la reconnaissance que vous lui portez. Elle lui est due de ma part, puisque c'est un peu à cause de moi qu'il vous a si bien traité. Mais son bon cœur à été le premier mobile de sa bonne action, et votre mérite en sera la récompense. Si mes sentiments peuvent y ajouter quelque chose, soyez-en l'interprète auprès de lui.

« Vous ne me dites pas ce que vous allez faire aux Indes Orientales et en Océanie. Croyez que je m'intéresserais cependant à tout ce qui vous concerne et que j'aurais beaucoup de satisfaction à recevoir de vos nouvelles. Je vous envie beaucoup d'avoir la jeunesse et la liberté qui permettent ces beaux voyages, traversés sans doute de périls, de souffrances et de désastres, mais où la vue des grands spectacles de la nature apporte de si nobles dédommagements. Je pense que vous prendrez beaucoup de notes et que vous tiendrez un journal qui vous permettra de donner une bonne relation de vos voyages.

« Ces vastes excursions, de quelque côté qu'on les envisage (et le mieux est de les envisager sous tous les côtés à la fois), ont toujours un puissant intérêt, et vous y trouverez des ressources pour l'avenir. Occupez-vous d'histoire naturelle, n'y fussiez-vous pas très-versé : vos collections et vos observations auront leur utilité. Pour ma part, je vous demande des insectes et des papillons ; les plus humbles, les plus chétifs, me seront une richesse.

« Mais ce à quoi je tiens beaucoup plus qu'à mes papillons, c'est à recevoir de vos nouvelles, et si je puis vous être utile en quoi que ce soit, veuillez vous souvenir de moi.

« Adieu, monsieur; mes meilleurs vœux vous accompagnent, et je demande à Dieu qu'ils vous portent même encore bonheur.

« Tout à vous,

« George Sand.

« Nohant, 11 avril 1851. »

UNE EXCURSION

A

LA TOMBE DE MAGELLAN

A MACTAN

DANS L'ARCHIPEL

DES PHILIPPINES

— OCÉANIE —

Avant de quitter à regret cet admirable archipel des Philippines où j'avais séjourné dix années, je résolus de faire une excursion au village de Butuan. C'est sur ce point alors inconnu du globe, par 128° 44′ de longitude et 8° 48′ de latitude, à l'extrémité orientale de l'île de Mindanao, qu'en 1521, le jour de Pâques-fleuries, Magellan arborait pour la première fois l'étendard de Castille. En laissant Butuan derrière moi, en suivant en quelque sorte pas à pas s traces du célèbre navigateur, je devais atteindre l'îlot de Mactan, situé en face de Cebu. C'est là que, victime d'un faux point d'honneur, Magellan, frappé d'une flèche, expira au milieu de ses compagnons consternés. Il fut enseveli sur la pointe de l'îlot que je désirais explorer ; j'espérais y obtenir, grâce aux traditions locales, des renseignements nouveaux sur ses découvertes et sur sa fin tragique.

Mes amis de Manille soutenaient que l'intérêt scientifique d'un tel pèlerinage ne compenserait pas les dangers qu'il me faudrait affronter pour atteindre Mindanao. Ils ne cessaient de me répéter que j'allais traverser des contrées infestées de pirates et rarement visitées par les Européens. Si je leur disais que j'emportais avec moi une lettre du consul d'Angleterre pour un Anglais du nom de Dickson, et si je leur affirmais que sa protection ne pouvait me faire défaut dans le cas fâcheux où je tomberais vivant entre les mains des pirates, ils me rappelaient que l'équipage d'un canot français avait été massacré à Basilan, c'est-à-dire dans les parages habités par ce Dickson. L'interprète hollandais qui accompagnait l'embarcation avait seul été épargné. Lui-même m'avait raconté qu'il n'avait dû son salut qu'à son état maladif, à son extrême jeunesse et à une rançon de 2,000 piastres fortes que le gouvernement espagnol paya généreusement pour le sauver. Quelques années plus tard, une jeune et belle créole, fiancée à un alcade de la province de Misamis, était restée prisonnière de ces forbans, toutes les sommes offertes pour la racheter ayant été refusées. Les appréhensions qu'on me témoignait étaient quelque peu fondées ; mais est-il un plaisir plus vif que les incidents étranges de ces lointaines excursions auxquelles se rattachent des souvenirs historiques ? J'étais avide de ce plaisir, et je partis.

I

Les moussons. — Les pirates. — Émeraudes flottantes. — L'île de Negros. — Les negritos. — Pedrito.

La saison des *collas* ou grandes pluies venait de finir. Favorisé par la mousson du nord, qui commençait à s'établir d'une manière régulière, nous pouvions franchir en dix jours la distance qui sépare l'île de Luçon, dont Manille est la capitale, de Mindanao, que je voulais visiter. Deux moussons soufflent alternativement sur les versants orientaux et occidentaux de l'archipel des Philippines. L'une apporte six mois de pluie torrentielle, l'autre six mois d'une inaltérable sérénité. La première mousson, dite du sud-ouest, commence à Manille en mai pour ne cesser de souffler qu'en octobre. Il est difficile de se figurer un ciel plus inclément, des crues d'eau plus furieuses. Sur terre, lorsque le vent atteint en tourbillonnant cette violence terrible que l'on désigne sous le nom de typhon, les récoltes sont hachées, les habitations s'effondrent, et les fleuves, transformés en torrents, arrachent, brisent, déracinent tout ce qui se trouve sur leur passage. Les Indiens de la montagne, pauvres êtres fatalistes, très-simples de cœur et d'esprit, se bornent, quand ils voient et entendent venir de loin l'avalanche liquide, à gagner les hauteurs les plus proches. Accroupis tristement, la tête penchée sur leurs genoux, ils roulent avec leur indolence habituelle le papier d'une cigarette. Rien de plus étrange que de les voir suivre d'un œil indifférent les flots fangeux qui portent vers la mer leurs buffles, leurs récoltes, leurs maisons, toutes leurs richesses.

Ceux-ci sont encore les moins malheureux. Les Indiens qui habitent la plaine ne peuvent échapper au danger qu'en grimpant comme des singes pour gagner le faîte des bambous. Cramponnés aux branches lisses et flexibles, ils attendent que les eaux se soient écoulées; mais souvent le typhon souffle avec rage pendant de longues heures. Glacées par la pluie et le froid de la nuit, leurs mains se détendent, et ils tombent sur la terre inondée comme tombent les fruits d'un arbre trop violemment agité. Pour ces pauvres gens, point de sépulture, ce qui est pour leurs familles un chagrin réel. Si la vase ne les engloutit pas, ils roulent jusqu'à l'embouchure des fleuves, où les attendent, pour se les disputer, des milliers de requins.

Sur rade, où rien n'arrête la fougue du cyclone, les embarcations s'amoncellent et broient ceux qui les montent. En vain les navires d'un fort tonnage jettent l'ancre de miséricorde, et font entendre de minute en minute le canon de détresse; rien ne les empêchera d'aller s'échouer sur les sables ou de se briser sur les falaises. Le danger en pleine mer est moins grand, pourvu que le capitaine soit prudent et consulte avec attention son baromètre. Si les vaisseaux sont surpris par le typhon toutes voiles dehors, il n'est pas de salut. Il y a quelques années, entre Formose et Hong-kong, l'*Evening-Star* vit un navire hollandais disparaître ainsi dans un tourbillon grisâtre d'où s'échappaient le tonnerre et la foudre, en moins de temps qu'il n'en fallut au vaisseau anglais pour hisser le pavillon rouge, signal du danger.

La seconde mousson, dite des *nortadas*, commence à l'époque que j'avais choisie pour mettre à la voile, c'est-à-dire en octobre, pour finir en mai. C'est l'époque des beaux jours; mais un soleil qui brille pendant six mois consécutifs devient un astre bien fatigant. En Chine comme en Europe, l'ennui naquit de l'uniformité. On soupire après l'apparition d'une nuée comme après six mois de pluie on demande avec désespoir un rayon de soleil qui égaye les yeux et réjouisse l'âme attristée.

Le capitaine du brick *Nuestra Senora de la Merced*, à bord duquel j'avais pris passage, répondait au nom prétentieux de *Perpetuo Illustre*. Il était Indien, ce qui eût éloigné de son bord les créoles espagnols, plus soucieux que moi de la valeur des origines. Il appartenait à cette belle race tagale de l'île de Luçon, dont les contingents furent les émules de nos soldats lors de la conquête de la Cochinchine. La résignation dont ces braves gens firent preuve à l'époque où les fièvres décimaient le corps expéditionnaire ne fut surpassée que par le courage qu'ils montrèrent lorsque les Annamites vinrent à Saïgon assaillir les troupes hispano-françaises avec des forces quatre fois supérieures aux nôtres. Beaucoup d'entre eux, séduits par la cordialité de notre gaieté gauloise, — on est très-gai hors de France parce qu'on s'y sent plus libre, — ont demandé à rester avec nous.

Le matin même du jour où nous devions mettre à la voile, le bruit se répandit en rade qu'une grande quantité de *pancos* ou embarcations de pirates s'était montrée dans les détroits que nous devions traverser pour atteindre Mindanao. On assurait qu'elles s'étaient avancées jusqu'en vue du *Corregidor* ; c'est le nom d'une petite île verdoyante placée comme en vigie à quelques milles en avant de la rade de Manille. C'était assurément de l'exagération, car, pour avoir exemple d'une pareille audace, il fallait remonter jusqu'aux premiers jours de la conquête espagnole. Cependant les rumeurs devinrent si persistantes que l'*arraez* [1] du brick en prit ombrage. Le départ fut différé d'un jour, afin qu'on pût renforcer l'équipage ; des *trabucos* centenaires furent mis en état de service, des couleuvrines affreusement rouillées se gorgèrent de mitraille, enfin seize vieux fusils à pierre, beaucoup plus dangereux pour ceux qui devaient s'en servir que pour les écumeurs qui pourraient se présenter, furent achetés à des serruriers chinois et transportés à bord avec de grands éclats de voix et beaucoup de démonstrations guerrières. Ces préparatifs terminés, il fut enjoint à l'équipage d'exercer une surveillance très-active sur toutes les embarcations suspectes qui s'approcheraient de nous durant la nuit.

---

[1] De l'arabe *el-raïz*, capitaine.

J'avais entendu parler si souvent des déprédations commises par les pirates, que, loin de songer à redouter leur rencontre, je me surpris à la désirer. *Perpetuo Illustre* me parut partager cette envie instinctive de combattre, car un bateau à vapeur devait sortir sous peu de jours du port de Cavite pour nettoyer les détroits, et Perpetuo mit résolûment à la voile sans vouloir l'attendre. Il se croyait très-sûr de pouvoir faire face aux écumeurs de mer avec son équipage de seize hommes et sa vieille ferraille. Brandissant son *bolo*, couteau à large lame dont les Indiens sont toujours armés, il m'assurait qu'il ne demandait pas mieux que d'en venir une fois sérieusement aux mains avec les ennemis séculaires de sa race. Ce n'eût point été son coup d'essai, il avait eu déjà quelques démêlés avec eux. Il savait, comme d'intuition, que ses ancêtres, c'est-à-dire les aborigènes des Philippines avaient vu, dès le ixe siècle, presque tout le littoral envahi par ces hordes conquérantes. A cette époque, les sectateurs de Mahomet, débordant de la Malaisie, franchirent les détroits de la Sonde. Les premières îles qu'ils rencontrèrent, Bornéo, le groupe des Soulou, Mindanao, tombèrent sous leur joug; elles y sont restées. L'archipel des Philippines leur fut également soumis; mais les Tagales et les Cebuanos, devenus chrétiens, les refoulèrent vers leurs possessions du sud, et depuis lors une haine implacable les sépare.

Malgré la présence des Hollandais aux Célèbes, aux Moluques, à Bornéo, en dépit des comptoirs espagnols de Mindanao et de Balabac, la guerre se continue encore de nos jours entre les descendants des Malais et les indigènes. Montés sur de légères embarcations tenues cachées dans les bois, les Moros, c'est le nom que leur donnent les Espagnols en souvenir sans doute de leurs éternels ennemis les Maures d'Afrique, exécutent de véritables razzias sur les populations soumises aux Européens. S'élançant comme des oiseaux de proie sur les villages chrétiens, ils persistent, comme leurs coreligionnaires d'Algérie avant 1830, à vivre de rapines, à peupler leurs sérails des plus jolies femmes indiennes, dont souvent ils réduisent aussi les maris en esclavage. On raconte même que plus d'une captive en faveur s'est vengée d'anciens griefs conjugaux, et a fait imposer à son mari, captif comme elle, les services les moins appropriés à sa qualité d'époux. Les Indiens des Philippines préfèrent l'esclavage à la honte de répudier leur foi. Des terres, la liberté, des femmes, leur sont offertes à la condition de se faire mahométans; mais les exemples d'abjurations sont très-rares. Les descendants des Malais n'ont point la même fermeté religieuse et il n'en est pas un seul qui, sur le point d'être passé par les armes pour crime de piraterie, ne demande le baptême, persuadé que son apostasie le sauvera. Les missionnaires espagnols, peu scrupuleux sur la façon de faire des prosélytes, entretiennent chez les condamnés l'espérance fort aléatoire d'une commutation de peine, s'ils veulent se convertir au christianisme; mais, dans la pureté toute primitive et naïve de sa croyance, un Indien souffre résolûment la mort plutôt que d'abjurer sa foi.

Il arrive souvent que les pirates dont nous avions à redouter la rencontre attaquent, au nombre de deux ou trois cents, des embarcations du tonnage de notre brick. Les matelots indiens, n'ignorant point qu'ils n'ont aucun quartier à attendre, s'ils ne se rendent à merci, combattent en désespérés. Ils parviennent presque toujours à se dégager dès qu'ils ont le temps de se préparer à la défense; mais, s'ils sont surpris la nuit, leur massacre est certain. Jetant dans les pirogues tous les objets précieux qu'ils trouvent à bord, les Moros se retirent en mettant le feu au bâtiment saccagé, non point pour faire disparaître les indices accusateurs de leurs pirateries, mais simplement par esprit de dévastation.

Les premiers jours de traversée furent des plus calmes. L'absence des dangers, la vie paisible d'un équipage composé d'Indiens indolents, eussent rapidement engendré la tristesse, si à chaque instant notre navigation n'eût été égayée par l'apparition de quelque nouveau promontoire. Nous découvrions assez fréquemment des îlots madréporiques de création récente. Ces petites îles sont formées de polypiers qui, unis à des coraux de forme rameuse, se métamorphosent avec le temps en récifs redoutables. Ces récifs à leur tour, après de longues années, deviennent des îles enrichies des mille débris que les flots leur apportent. Les vents et les oiseaux du ciel ne tardent pas à les féconder. D'élégants bouquets de cocotiers aux feuilles frémissantes, s'élançant d'un cercle d'eau de mer couleur de saphir, nous indiquaient clairement ceux des récifs qui, après une lutte séculaire, avaient remporté un triomphe définitif sur l'élément liquide. J'obtenais de Perpetuo, toutes les fois que je le sollicitais, la liberté de descendre sur ces émeraudes flottantes. J'y abordais, hissé sur les épaules des Indiens du bord ; pour eux, la nécessité de se mettre à l'eau jusqu'à la ceinture était un divertissement. Je trouvais les rives de ces petites îles couvertes d'une quantité infinie de mollusques et de crustacés microscopiques. J'y faisais une abondante moisson des plus belles coquilles de mer, et cependant aux endroits où commençait la végétation j'ai rarement trouvé un insecte, un reptile ou un oiseau. Mon grand bonheur était de donner à mes découvertes les noms de mes amis d'Europe. J'écrivais sur un carton épais le nom aimé dont je voulais baptiser mon île. Je le clouais au premier cocotier qui s'offrait à moi, et je rentrais à bord, heureux du souvenir que j'avais laissé dans ces solitudes de l'océan. Navigateurs, si jamais vous descendez sur les îles Suzanne et George Sand [1], respectez en les conservant ces deux noms qui me sont chers.

La contemplation des nuits tropicales est une chose qu'on n'oublie pas. La constellation de la Croix du sud brille sous ces latitudes du plus pur éclat; la phosphorescence des flots était par moments si vive, surtout à l'approche d'un orage, qu'il nous semblait naviguer au milieu d'une nuée lumineuse. Ce qui surprend beaucoup le voyageur, c'est de voir combien la nuit

---

[1] Noms de ma mère et de l'écrivain illustre dont les lettres me sauvèrent miraculeusement la vie aux îles du Cap Vert.

prend d'animation lorsqu'on approche des côtes, ou que l'on entre dans un détroit. Dans toutes les directions scintillent des torches sans nombre que les pêcheurs allument à l'extrémité de leurs barques dès que le soleil disparaît. Le poisson, curieux, fasciné par l'éclat de la lumière, accourt, joue au milieu des reflets de la flamme, et se laisse harponner avec une étonnante facilité. C'est en raison d'une grande quantité de lueurs semblables, répandues sur les côtes du détroit qui porte son nom, que Magellan, assure-t-on, donna la qualification pittoresque de Terre-de-Feu à la partie occidentale de ce passage.

Je m'étais oublié un soir à fumer jusqu'à une heure assez avancée sur la dunette du brick. La faible lueur de mon cigare était la seule qui brillât par moments dans l'obscurité que projetait sur nous l'ombre d'une falaise de l'île de Negros, qu'une brise rebelle nous empêchait de doubler. Tout à coup je vis poindre une clarté au milieu de la montagne, presque au-dessus de moi. Sous des rochers dont la blancheur égalait celle du marbre, et qui faisaient saillie sur l'abîme, des flammes rougeâtres s'élevèrent. Bientôt je pus distinguer autour des bûchers une horde de petits noirs complétement nus, difformes, aux membres grêles et disproportionnés à la tête énorme. Quelques-uns se défiaient et simulaient des combats singuliers; d'autres dansaient, et armés de lances en bambou, abrités derrière des boucliers allongés dont une des pointes était enfoncée en terre, se menaçaient. Des groupes où les deux sexes étaient mélangés se livraient, sans souci de leurs compagnons, à des ébats moins dangereux. Mon capitaine, réveillé lui-même en sursaut par la soudaineté des feux, vint me rejoindre sur la dunette, et j'appris de lui que nous avions devant les yeux de véritables sauvages, désignés aux Philippines sous le nom de Negritos. Les bûchers autour desquels je les voyais s'ébattre non-seulement les garantissaient de l'humidité des nuits, mais leur fournissaient encore la couche de cendre épaisse dont ils se couvrent le corps pour se préserver des moustiques. Je remarquai en effet qu'à l'endroit où un feu s'éteignait, les danses et les combats cessaient; nul doute, comme l'avait dit Perpetuo, que, roulés dans les cendres, les Negritos ne goûtassent le repos à l'abri de ce singulier moustiquaire.

Les anthropologistes placent ces sauvages dans le rameau alfourou-endémène. J'ai vu plusieurs de ceux-ci dans le cours de mes voyages, et je les ai trouvés toujours de taille fort petite, avec les cheveux courts, moins frisés que ceux des nègres, le nez épaté, les lèvres grosses et la couleur des noirs du Sennaar. Ils vivent sur les montagnes inaccessibles des terres polynésiennes et principalement aux Moluques et aux îles Philippines. Ce sont les aborigènes de l'Océanie, selon toute probabilité ; les Asiatiques, en se mêlant à eux, ont fourni les différentes races qui occupent le littoral des possessions espagnoles, et qui sont connues sous les noms de Tagales, Illanos, Pampangos et Cebuanos. Plusieurs moines espagnols, envoyés en mission auprès de ces nègres lilliputiens, m'ont assuré n'avoir jamais pu découvrir dans leurs mœurs et dans leur langage aucune trace de culte, aucun soupçon de l'idée d'un être suprême ; jusqu'à ce jour, ils se sont refusés à toutes les tentatives faites pour les civiliser. Quoique leur caractère soit très-doux, ils sont d'une méfiance extrême ; aussi ne couchent-ils jamais deux fois dans le même campement, de crainte d'y être surpris. Ils ignorent l'usage des armes à feu, dont la détonation les remplit de terreur ; ils croient, en nous voyant abattre un oiseau au vol, que nous gouvernons la foudre. Pour atteindre les cerfs et les sangliers, fort abondants dans les forêts qu'ils habitent, ils ne se servent que d'arcs et de flèches ; ces flèches, dont les pointes sont taillées en forme de harpons, ne dévient jamais du but.

Ce qui dans tous les temps a distingué ces sauvages des autres races de la Polynésie, c'est leur passion indomptable pour la liberté. Cette répulsion des Negritos pour tout ce qui pourrait les courber sous le joug ou régulariser leur existence les rendra toujours intéressants aux voyageurs. Voici un exemple de leur amour pour l'indépendance. Dans une battue faite à l'île de Luçon par des soldats indigènes, sous les ordres d'un officier espagnol, à la poursuite de Negritos qui ravageaient des plantations de cannes à sucre, on s'empara d'un petit noir d'environ trois ans. Il fut trouvé tremblant d'épouvante, à côté d'une fosse peu profonde encore et fraîchement creusée. Il allait y être enseveli vivant. Lorsque les Negritos sont poursuivis trop vivement, ils abandonnent les enfants à la mamelle ou trop faibles pour les suivre. Les mères déclarent aux chefs qu'elles ne peuvent plus les porter, et elles les déposent à terre en détournant les yeux; mais, comme les vagissements ou la rencontre des pauvres abandonnés indiqueraient la route prise par les fuyards, il est décidé qu'ils seront sacrifiés à la sûreté générale : une fosse rapidement creusée les engloutit vivants. Celui auquel l'officier espagnol venait de sauver la vie, longtemps inquiet, taciturne, évitant le regard de son libérateur comme le ferait un jeune singe enlevé tout à coup à sa forêt, fut conduit à Manille. Un Américain l'ayant demandé au gouverneur pour l'adopter, il fut baptisé sous le nom de Pedrito. Dès qu'il fut en âge de recevoir quelque instruction, on s'efforça de lui donner toute celle qu'on peut acquérir dans ces contrées éloignées. Les vieux résidents de l'île, connaissant le caractère des Negritos, riaient sous cape en voyant les tentatives faites pour civiliser celui-ci. Ils prédisaient que l'on verrait tôt ou tard le jeune sauvage retourner à ses montagnes. Son père adoptif n'ignorant point les railleries dont sa sollicitude était l'objet, mais se piquant au jeu, annonça qu'il conduisait Pedrito en Europe. Il lui fit visiter New-York, Paris, Londres, et ne le ramena aux Philippines qu'après deux ans de voyages.

Avec cette facilité dont la race noire est douée, Pedrito parlait au retour l'espagnol, le français et l'anglais ; il ne chaussait que de fines bottes vernies, et tout le monde à Manille se rappelle encore aujourd'hui le sérieux digne d'un *gentleman* avec lequel il recevait les premières avances des personnes qui ne lui avaient pas été présentées. Deux ans à peine s'étaient écoulés depuis le retour d'Europe, lorsqu'il disparut de la maison de son protecteur ; les rieurs triomphèrent. Jamais probablement on n'eût appris ce qu'était devenu l'enfant adoptif du philanthrope *yankee* sans la rencontre singulière qu'en fit un Européen. Un naturaliste prussien, parent de Humboldt, résolut de faire l'ascension du Marivelès, montagne qui forme l'un des côtés de la baie où se jette le fleuve Pasig, et habitée, malgré la proximité de la capitale des Philippines, par de nombreuses tribus de Negritos. Le naturaliste avait presque atteint le sommet du pic, et herborisait en compagnie de quelques Indiens porteurs de son bagage, lorsqu'il se vit entouré soudainement par une nuée de petits noirs. C'était une tribu qui, se sentant en nombre, n'avait pas craint d'approcher. Leurs arcs passés sous le bras comme le fusil des chasseurs au repos, leurs flèches réunies dans des carquois de bambou jetés en sautoir sur les épaules, annonçaient des intentions pacifiques. Ils semblaient hésitants et absorbés dans la contemplation du premier Européen assez osé pour s'aventurer dans les forêts. Le Prussien, quelque peu surpris tout d'abord, revint bientôt de son étonnement et, prenant ses crayons, il s'apprêtait à esquisser quelques portraits, lorsque l'un des sauvages, s'approchant de lui en souriant, lui demanda en langue anglaise s'il connaissait à Manille un Américain du nom de Graham. C'était notre Pedrito. Il raconta toute son histoire, et lorsqu'il l'eut terminée, ce fut en vain que le naturaliste tenta de le décider à revenir avec lui à Manille. Le jeune sauvage s'offrit complaisamment à aider le savant dans ses recherches, et lui donna même quelques coquilles terrestres fort belles, puis, lorsque la nuit vint, il s'enfuit avec toute sa tribu. Longtemps le Prussien et ses guides entendirent au loin les échos de la montagne retentir d'un cri aigu. C'était le cri d'alarme que les Negritos font entendre lorsqu'ils se croient menacés de quelque danger. Ceci se passait en 1860. Sans doute en ce moment encore, au sommet le plus élevé du Marivelès, abrité sous quelque roche, à la lueur d'un bûcher dans les cendres duquel il va se rouler, parfois l'œil attaché sur un navire qui cingle vers l'Europe, Pedrito continue à faire à ses naïfs compagnons la description des merveilles qu'il entrevit sous nos latitudes. Doit-on le plaindre de son éloignement pour nos mœurs ? Chacun répondra selon son tempérament et ses idées ; mais on peut croire que beaucoup d'hommes civilisés lui envient l'air pur et libre de ses montagnes, et qu'il n'envie certes point celui de nos villes.

II

L'île de Mindanao. — Tempête en vue de Butuan. — Echouement — Nuit tropicale. — L'attaque. — La *Constancia*.

— Perpetuo, dis-je un matin à l'*arraez* du brick, nous voici bientôt au but de notre voyage ; ne trouvez-vous pas étrange que les Moros soient restés invisibles pour nous seuls ? — Il me regarda finement, et après un instant d'hésitation il m'assura que nous ne verrions pas de pirates avant notre arrivée à Butuan. Comme il me vit surpris de sa réponse, il ne tarda point à me confier qu'il avait, avant notre départ de Manille, mis son brick sous la protection de la Vierge. Il avait fait dire une neuvaine pour l'obtenir ; mais cet acte de piété, qu'il considérait comme une véritable assurance contre la rencontre des infidèles, lui coûtait neuf piastres, grosse somme en vérité, et à laquelle il espérait bien que j'aurais la générosité de contribuer. J'ai trop voyagé pour n'être pas tolérant, et je ne songeai pas le moins du monde à affaiblir dans l'esprit du naïf Indien la confiance qu'il plaçait, comme beaucoup de marins plus civilisés, dans la protection de *Nuestra Senora de la Merced*. Je lui fis néanmoins remarquer en le raillant doucement que, si je n'avais pas eu l'espérance d'un péril, je ne me serais pas embarqué à son bord. Il aurait dû me prévenir que nous ne ferions aucune fâcheuse rencontre, puisqu'il n'ignorait pas mon désir de voir de près ou de loin les pirates de son archipel. Au même instant, le matelot placé en vigie sur le gaillard d'avant fit entendre le cri aimé de ceux qui voyagent en mer : terre à tribord !

C'était l'île de Mindanao. En peu d'heures, nous découvrîmes à l'horizon une rangée de montagnes bleues courant, comme celles de tout l'archipel, du nord au sud ; à mesure que nous en approchions, elles se dégageaient lentement, sous l'ardeur d'un soleil déjà brûlant, des blanches vapeurs de la nuit. Le vent était si propice, notre bateau glissait sur la lame avec une telle rapidité, que nous ne tardâmes point à distinguer quelques vallons sur lesquels se détachaient des champs de riz d'un vert éclatant.

D'innombrables oiseaux aquatiques gagnaient le large ; lorsqu'ils passaient sur nos têtes, ils nous apparaissaient comme de joyeux messagers apportant des paroles de bienvenue. L'aigrette au plumage blanc se jouait au bord des fleuves. Aucune expression ne saurait rendre la grâce du vol de ces oiseaux, qui, descendant des montagnes comme de légers flocons de neige, allaient s'abattre en tourbillonnant au milieu des marécages. Accoudée sur les bastingages du brick, la longue-vue braquée sur l'île qui déployait à mes yeux toutes ses beautés comme un panorama mobile, je cherchais avec impatience à découvrir la trace de quelque habitation ; mais mes regards se fatiguèrent vainement de cette recherche, et je n'en fus pas très-surpris. Les *rancherias* ou villages de cette partie de l'Océanie sont généralement cachées au milieu de bambous touffus ou de manguiers gigantesques. Je pus donc voir les fleuves succéder aux prairies, les coteaux faire suite aux vallons, sans que nulle part je pusse découvrir un être vivant sur cette terre où j'avais vu pourtant des traces de culture. A la chute du jour, il me sembla distinguer d'une manière confuse dans une atmosphère empourprée, sur les bords d'une immense plage sablonneuse, quelques huttes grisâtres montées sur pilotis. Je demandai leur nom, et lorsqu'on m'eut répondu que c'étaient les approches de Butuan, je m'imaginai avec quelque raison voir cette partie de l'île de Mindanao telle qu'elle s'était montrée au premier Européen qui l'avait visitée, à Magellan. C'est au moment même où je me figurais que j'allais débarquer comme lui en curieux sur cette plage désolée que le vent, favorable depuis le point du jour, devint contraire à la tombée de la nuit. Au lieu de nous rapprocher du but, nous faisions fausse route, comme disent les marins. Ce fut à la bruyante désolation de Perpetuo que je devinai toute l'importance du changement qui venait de s'opérer. Il n'avait certes pas tort de se lamenter, puisque, avec encore une heure de bonne brise, il nous eût été facile de jeter l'ancre dans un mouillage sûr. Les voyageurs accoutumés aux incertitudes d'une navigation à voiles savent combien sont instantanés les caprices du vent. Nous avions pu distinguer, à l'heure de l'*Angelus*, les lumières dont Butuan s'était éclairé. Mon capitaine soutenait qu'on avait dû illuminer le village pour fêter notre arrivée, et il n'y avait à cela rien d'improbable : nous venions de Manille, et nous apportions à de pauvres isolés des nouvelles de la mère-patrie.

— Si nous étions à terre, s'écriait Perpetuo avec fureur, nous serions en ce moment chez le père de ma fiancée Carmencita ; elle et ses amies, des Indiennes jolies et modestes, nous serviraient un chocolat épais et d'autant plus succulent qu'il aurait été pétri par leurs petites mains, et que Mindanao produit le meilleur cacao de l'Océanie. La soirée se serait passée à fumer de délicieux *puros*, à écouter, nonchalamment assis sur des chaises à bascule, des chansons indigènes chantées par quelque brune et langoureuse fille du pays ; puis l'arrivée d'un brick apportant des lettres et la présence d'un Européen étranger, — chose rare ici, — eussent donné de l'animation à la *tertulia*. On aurait dansé toute la nuit la *habanera* [1] au son des guitares et des harpes.

Malheureusement tous ces beaux rêves évoqués par l'enthousiaste *arraez* durent s'effacer rapidement de notre esprit ; plus l'ombre descendait, plus le vent augmentait de violence. De tous les points de l'horizon, de gros nuages accouraient vers nous et s'amoncelaient sur nos têtes ; les montagnes de Mindanao, déjà plongées dans l'obscurité de la nuit, s'éclairaient presque sans relâche à la lueur d'éclairs immenses. Vers une heure du matin, toujours

---

[1] La *habanera* est une marche lente cadencée, accompagnée de gestes pleins d'abandon, et convenant parfaitement à de paresseuses et coquettes créoles.

roulés par la bourrasque, et lorsque depuis longtemps les lumières de terre avaient disparu, Perpetuo, après une pénible bordée qui nous avait poussés au fond d'une baie, vint me demander si je lui conseillais de jeter l'ancre pour attendre la fin du gros temps à l'endroit où nous nous trouvions. Ignorant complétement quel pouvait être notre situation, j'allais lui répondre que ce parti me semblait le plus sage, lorsqu'une secousse du brick nous fit tressaillir. L'équipage poussa un cri d'alarme ; la sonde fut jetée en toute hâte, et il fut constaté que nous étions échoués sur un banc de sable. Notre bateau, comme fatigué de sa lutte contre les éléments, s'était incliné à bâbord et reposait sur le lit moelleux, où sa quille s'était engagée à peu de distance du rivage.

— A présent, me dit le malheureux capitaine, vous êtes sûr de voir vos singuliers désirs accomplis, et avant vingt-quatre heures, si la marée ne nous a ôtés de cette côte maudite, vous verrez plus de pirates à nos trousses que vous et moi ne voudrions en voir.

— S'il en est ainsi, Perpetuo Illustre, lui dis-je, préparons-nous à bien les recevoir. Et de quel côté croyez-vous que soit le danger ?

— *Por Dios!* du côté de la terre. Il y a des pirates dans tous ces parages. Ces épaisses forêts, en apparence désertes, cachent des embarcations prêtes à prendre la mer, et des Moros suivent des yeux depuis ce matin la marche du brick. S'ils s'aperçoivent du changement de la brise, s'ils ont le moindre soupçon de l'impossibilité où nous nous sommes trouvés d'atteindre le mouillage, si à la lueur des éclairs ils nous distinguent ici, immobiles comme des hérons, soyez sûr d'une attaque prochaine. Alors, ajouta-t-il, en se tournant vers l'équipage et en faisant un grand signe de croix qui fut répété par tout le monde, alors que les saints aient pitié de nous !

J'ai hâte de dire à la louange de Perpetuo que, si son animation paraissait grande, il n'y avait dans son langage et dans sa physionomie rien qui indiquât la crainte. Il était de race trop pure pour éprouver ce lâche sentiment. Il avait en outre, comme les esprits simples qui ont mis leur confiance en un saint ou une amulette, la conviction d'être garanti durant ce voyage contre la surprise des Moros. N'avait-il pas, avant son départ de Manille, fait des actes de dévotion coûteux qui lui assuraient une haute protection ? L'équipage du brick fut mis en quelques mots au courant de la situation. On demanda aux matelots si, en cas d'attaque, ils se battraient ainsi qu'il convenait à de loyaux sujets de la reine d'Espagne. La réponse de ces braves gens ne se fit pas attendre. Des acclamations de *viva la reyna! viva Espana!* retentirent à l'envi, remplissant d'un tumulte très-compromettant la baie silencieuse. Quelques-uns d'entre nous crurent entendre d'autres cris partis alors de la terre ; mais, Perpetuo ayant affirmé que l'écho seul nous avait répondu, cet incident, auquel on aurait dû attacher plus d'importance, cessa bientôt de nous occuper. Plein de confiance dans des hommes que la perspective d'un combat avec des pirates semblait réjouir plutôt qu'inquiéter, notre capitaine fit éteindre toutes les lumières du bord ; les armes furent étalées sur le pont ; on renouvela l'amorce des *trabucos*, et les coulevrines furent placées sur la dunette, de manière à balayer le pont, si l'ennemi l'envahissait. Dans le cas presque certain où la marée montante nous remettrait à flot, on hissa toute la voilure. Nous étions ainsi préparés à la lutte et prêts à prendre le large dès qu'il y aurait possibilité de le faire.

Il était trois heures du matin lorsque les préparatifs de défense furent terminés. L'équipage, harassé de fatigue, étendu en désordre sur le pont, se livra au sommeil. Perpetuo lui-même, malgré ses préoccupations guerrières et amoureuses, s'endormit profondément à côté de moi, qui veillais seul à bord. L'orage s'était calmé : sur nos têtes, le ciel resplendissait constellé d'étoiles; mais le brick, dominé presque de tous les côtés par de hautes collines boisées, restait dans l'ombre. Vers la mer, l'horizon étincelait, car les grosses lames qui se forment à la suite des tempêtes dégageaient en s'entrechoquant des torrents d'électricité. Jamais les flots ne m'avaient paru si lumineux, et rarement aussi je m'étais trouvé entouré de ténèbres plus épaisses. C'était pourtant dans la partie la plus reculée de la baie, à l'endroit où l'ombre était plus profonde, que je devais porter toute mon attention. Parfois une lame énorme, couronnée d'une crête d'écume argentée, atteignait le fond d'une anse rocheuse et projetait en s'y brisant une lueur soudaine. Je me hâtais d'interroger du regard le point éclairé; mais cet éclat phosphorescent était trop fugitif pour me permettre de rien distinguer sur le rivage. Aspirant à pleins poumons mille senteurs que la brise m'apportait de terre, je prêtais surtout une oreille attentive aux clameurs confuses qui, durant la nuit, animent si étrangement les forêts de l'Océanie. Les rugissements des tigres et des panthères ne faisaient point entendre, comme dans les îles voisines de Java et de Singapour, leurs notes lugubres. Par une singulière et heureuse exception, tout l'archipel des Philippines est exempt de la présence d'animaux féroces. En revanche, à tout instant j'entendais les bramements du cerf, les courses folles des buffles sauvages et des sangliers ; les calaos ne cessaient de filer leurs notes monotones ; un kakatoès, brusquement enlevé sans doute à son sommeil par le vigoureux coup d'aile d'une de ces énormes chauves-souris dont l'envergure ne mesure pas moins de deux pieds, surmontait toutes ces rumeurs du comique éclat de sa colère.

Soudain, entre tous ces bruits familiers à mon oreille, il me sembla distinguer des notes gutturales nouvelles pour moi. Elles ne ressemblaient pas exactement aux bramements du cerf, bien que des oreilles peu exercées eussent pu s'y tromper. En prêtant une attention soutenue, il devint de toute évidence que ce que j'entendais était un cri humain. Les clameurs suspectes se répondaient, tantôt descendant du sommet des hauteurs, tantôt s'élevant du fond des vallées. Ceux qui les poussaient, paraissant suivre une direction commune, se taisaient en arrivant près du rivage. Il était certain qu'il y avait au bord de la mer, à quelques encâblures du brick, un point de réunion. Je secouai rudement Perpetuo, car rien n'est plus difficile à réveiller qu'un Indien.

— Ce sont eux! s'écria-t-il en me serrant fortement le bras aussitôt qu'il eut écouté. Ce que vous entendez, c'est le cri de ralliement de ces maudits. Lorsque, dispersés dans les montagnes de leurs îles pendant la nuit, leurs chefs veulent les réunir au point du jour pour un coup de main, des messagers parcourent les hauteurs en faisant retentir au loin le cri que vous avez heureusement remarqué. Grâce à Dieu! vous m'avez averti à temps : il n'y a pas une minute à perdre pour préparer mes hommes. *Bata, souloun, na!* leur cria-t-il en tagale, garçons, debout, allons! Et comme la voix ne suffisait point à les réveiller, j'entendis un rotin siffler et s'abattre à plusieurs reprises sur le groupe des dormeurs.

Pendant que l'équipage s'apprêtait, il nous sembla voir pâlir les étoiles et se dissiper les ombres dont nous étions entourés. Les montagnes de l'île dessinèrent leurs sombres silhouettes, et bientôt se détachèrent nettement sur un ciel couleur d'opale et d'une admirable pureté. C'était bien le jour, et nous ne pûmes nous empêcher de l'accueillir avec des cris de joie. Quelques minutes après, le brick, jusqu'alors immobile, s'agita sous nos pieds. Une épave légère fut jetée à la mer, et, en voyant la vague la porter vers la rive, nous eûmes l'espérance qu'en peu d'instants nous allions, ainsi que nous l'avions prévu, sans efforts et par la seule impulsion de la marée montante, être remis à flot.

Dans les régions qui avoisinent les tropiques, les transitions de la nuit au jour et du jour à la nuit sont fort brusques : point de traces de ces beaux crépuscules d'Europe, source féconde d'inspirations pour les poëtes, les peintres et les amoureux, point de belles aurores rougissantes venant annoncer au monde le lever majestueux du soleil. La lumière avait remplacé soudainement l'obscurité, comme sur la scène d'un théâtre. En toute autre situation, j'eusse été ravi d'admirer ce splendide réveil de la nature tropicale ; d'autres pensées nous occupaient. Perpetuo, inquiet, toujours en mouvement, ne cessait d'interroger la côte du regard et de m'inviter à braquer ma longue-vue sur un endroit du rivage où les palétuviers masquaient de leurs feuillages sombres une partie de la baie. C'est là en effet qu'un point brillant, le reflet d'un rayon de soleil sur une arme blanche, nous indiqua le lieu précis qui devait concentrer toute notre attention. En peu d'instants, ces points brillants y devinrent nombreux. Quatre *pancos* ou pirogues d'une grandeur démesurée glissèrent ainsi que quatre crocodiles monstrueux de la terre sur l'eau. Une multitude armée paraissant surgir de la rive s'y précipita en tumulte ; un cri semblable à celui qui, la nuit, avait éveillé mes soupçons donna le signal du départ ; les quatre embarcations, manœuvrées à la rame chacune par une trentaine d'hommes, partirent comme un trait.

En remarquant les forces numériques de nos agresseurs avec les seize hommes dont se composait l'équipage de *Nuestra Senora de la Merced*, Perpetuo ne cessait d'exprimer son contentement de sentir son brick bondir sur la lame. Il apostrophait de la voix et défiait du geste les pirates malgré l'impossibilité où ils étaient encore de l'entendre. Il se croyait bien sûr de leur échapper, les voiles du bateau s'arrondissaient au souffle de la brise, et notre vitesse augmentait à mesure que nous nous éloignions de la terre. Cependant, comme les *pancos* venaient sur nous avec une étonnante rapidité, tout le monde à bord, excepté le capitaine peut-être, avait la conviction qu'avant une demi-heure la rencontre aurait lieu ; elle ne pouvait être évitée que si un fort coup de vent, dont rien ne faisait prévoir la venue soudaine, nous poussait promptement au large. Les Moros ne tardèrent point à comprendre quelle pouvait être notre seule voie de salut. Après avoir ramé dans notre direction quelques instants, ils coupèrent à angle droit comme s'ils avaient voulu, eux aussi, gagner la pleine mer, mais avec l'intention évidente de se replier sur nous et de s'y laisser porter résolûment. En exécutant cette manœuvre, les embarcations ennemies durent se présenter forcément par notre travers. Perpetuo en profita aussitôt pour pointer sur elles une de ses coulevrines et faire feu. Soit que le pointage eût été défectueux, soit que la distance fût trop grande, aucun projectile ne parut avoir atteint le but.

— *Bestia!* s'écria le pointeur en jetant loin de lui la tige de bambou enflammé qui avait mis le feu à la pièce.

L'équipage ne put contenir un joyeux éclat de rire, et le maladroit *arraez* eut assez d'empire sur lui-même pour paraître n'avoir rien entendu. Néanmoins il entra dans une véritable colère lorsqu'il entendit les pirates répondre par un hurrah moqueur à la détonation inoffensive de notre vieille artillerie. Par bravade alors sans doute, ces derniers firent feu de quatre petites pièces de bronze placées sur pivot à l'avant de leurs pirogues. Ces canons en miniature, appelés *lancates* dans le pays, sont fondus par les naturels de l'île de Mindanao et des îles voisines de Sooloo. Ils ont appris des jésuites l'art de couler les métaux à l'époque où cet ordre entreprenant essaya de faire de la grande île de Mindanao ce qu'il avait fait du Paraguay. Perpetuo s'imagina, non sans raison, pouvoir gagner quelque répit faisant croire à la présence sur notre brick de plusieurs Européens. Certes, il n'espérait point voir cent cinquante bandits s'arrêter devant l'intervention de quelques hommes d'Europe; mais la supposition de leur présence à bord ne pouvait manquer de produire un certain étonnement qui retarderait peut-être l'attaque de quelques minutes. Or dans notre situation un délai, si court fût-il, c'était, selon toute probabilité, le salut. Le moyen employé par notre capitaine fut assez ingénieux : ayant fait revêtir en toute hâte quelques-uns de ses hommes du pantalon et de la veste blanche que les étrangers portent dans ces contrées, et dont ma malle était amplement fournie, il les plaça sur la petite dunette du brick, tout à fait en vue. A peine à leur poste, les faux Européens se mirent à gesticuler, à prendre de grands airs fanfarons, et finalement s'animèrent à faire croire qu'ils allaient en venir aux mains. Comme la discussion avait lieu en langue tagale, je demandai à l'un d'eux la raison de la fureur et de la danse de Saint-Guy dont je les voyais soudain possédés. « C'est pour mieux ressembler à des Européens, » me répondit-il en espagnol. Je me le tins pour dit ; mais, si le singe de la fable avait oublié d'allumer sa lanterne, mon capitaine avait oublié de blanchir le visage de ses Indiens, et selon toute probabilité notre ruse fut vite découverte. Au moment où, se croyant hors de la portée d'une arme à feu ordinaire, nos ennemis ramaient en toute sécurité, Perpetuo, saisissant ma carabine-revolver, dit en pointant les Moros :

— Regardez !

— Avec une adresse à laquelle aucun de nous ne s'attendait, il démonta, à la distance de 600 mètres environ, un des Malais placé en pilote à l'avant du *panco* le plus rapproché de nous. Les pirates, comme frappés de stupeur, cessèrent de ramer ; nous les vîmes retirer le blessé de l'eau et s'assembler autour de lui dans une grande émotion. Je supposai qu'en constatant la longue portée de ma carabine, ils commençaient à s'inquiéter de la présence, à bord du brick, de passagers européens. Leur agitation nous fit espérer que l'attaque était différée. Perpetuo, déjà triomphant, ne mesurait plus ses injures, et je ne sais à quel excès de gaieté il ne se fût point livré sans la nouvelle et décisive manœuvre exécutée par nos ennemis.

Les pirogues mirent le cap droit sur nous. Ceux qui les manœuvraient, poussant des cris sauvages, s'avançaient avec l'intention bien arrêtée de s'élancer, coûte que coûte, à l'abordage.

Perpetuo essaya de ralentir leur approche en finissant de décharger ma carabine sur eux ; mais ce fut inutilement cette fois. Je m'empressai de reprendre mon arme et de la recharger, résolu à n'en faire usage qu'au moment où l'abordage s'effectuerait. Ce moment était proche, car je pouvais, sans l'aide de ma lorgnette, distinguer les armes blanches jetées pêle-mêle au fond des embarcations ennemies. Il y avait des krishs malais, des fers de lance très-artistement montés sur des tiges de bambou longues de 3 ou 4 mètres, des boucliers de bois très-léger, de forme circulaire et peints en rouge, enfin des *campilans*, larges lames presque toujours damasquinées, et dont les Moros se servent avec une grande adresse. Terminées par deux pointes au bout desquelles se fixent les têtes, abattues souvent d'un seul coup, ces armes formidables ont les poignées ornées d'une touffe de crins rougeâtres imitant la chevelure humaine. Un grelot caché sous cette touffe hideuse, que l'on dirait ensanglantée, accompagne de son tintement grotesque les cris des combattants. Les hommes qui montaient les pirogues avaient un aspect farouche, et leur type accusait bien leur descendance malaise. Sans un turban fort mince en cotonnade blanche et une corde en étoffe bleuâtre ceignant le bas des reins, ils eussent été **nus**.

Les maladies cutanées les plus horribles à voir donnaient à leurs peaux cuivrées des nuances étranges, et je ne pus m'empêcher de frémir en songeant au sort qui attendait l'Européen tombé vivant aux mains de ces misérables.

Un seul chef, appelé *dato*, paraissait commander aux trois embarcations. Debout à l'avant d'un *panco*, il était reconnaissable à son costume aussi singulier qu'incommode. Un casque de forme antique, fait avec des plaques de corne de buffle artistement découpées, emboîtait sa tête ; sur un justaucorps d'une étoffe tissée d'or et pailletée, une cuirasse également en lames de corne, unies entre elles par les mailles d'un cuivre brillant, se fermait sur la poitrine au moyen de deux crochets en argent d'un travail recherché. Rien ne pouvait me causer plus de surprise que l'apparition sous ces latitudes de cette imitation grossière du casque et de la cuirasse de nos anciens preux. J'en ai cherché l'origine et je crois l'avoir trouvée. Une tradition très-authentique, transmise par les moines qui accompagnèrent l'expédition de Magellan, relate que ce dernier, lorsqu'il descendit à terre à Butuan pour prendre possession de Mindanao, avait endossé l'armure et mis sur sa tête le casque des chevaliers, alors encore en usage. Ce costume brillant dut frapper les indigènes, et l'accoutrement des chefs de ces contrées dut en devenir la grossière copie. A l'instant où cette explication traversait ma pensée, une apparition singulière nous fit tressaillir. Un nuage de fumée noirâtre s'élevait derrière une des plages sablonneuses qui venait en pente douce former une des pointes de la baie. Cette fumée, un instant immobile, s'étendit bientôt en se déroulant à la brise comme la monstrueuse chevelure d'un géant.

— Un *steamer !* criai-je à l'équipage, — et au même instant un bateau à vapeur, doublant la pointe de la baie, déploya à nos yeux les vives couleurs du pavillon espagnol. Presque aussitôt un éclair brilla dans un nuage roulant de fumée ; une détonation formidable réveilla les échos de la baie. Le capitaine du navire de guerre *la Constancia* avait en un instant deviné notre situation : il nous avisait par un coup de canon que son secours allait être immédiat.

Un quart d'heure à peine s'était écoulé depuis l'apparition de nos libérateurs, et nous vîmes se passer sous nos yeux un drame saisissant. Sur la mer, partout où la vue pouvait s'étendre, on apercevait, luttant contre la mort et cherchant à gagner la rive à la nage, la presque totalité des pirates. Le commandant de la *Constancia*, attaché depuis longtemps à une mission de surveillance dans ces parages, convaincu par une cruelle expérience que ces malheureux ne se rendraient à aucune des sommations qui leur seraient faites, avait pris le parti cruel, toutes les fois qu'il rencontrait des *pancos* en flagrant délit de piraterie, de se jeter sur eux à toute vapeur. Nos agresseurs, épouvantés à l'idée d'un abordage qui pouvait les pulvériser, avaient abandonné en toute hâte leurs frêles embarcations ; mais, bien que nageant avec une vigueur et une rapidité extrêmes, ils n'avaient point tardé à se sentir refoulés par la marche envahissante du bâtiment. Épaves vivantes ballottées par le remous que le *steamer* imprimait à la mer, ils s'épuisaient en efforts inutiles. Ce fut un spectacle navrant que de les voir éperdus, haletants, les traits contractés par la terreur, disparaître par groupes dans les flots. Quelques-uns, saisis par les aubes tranchantes des roues, tournoyaient, affreusement mutilés, et retombaient lourdement, perdus dans une écume sanglante. Était-ce frayeur ou dédain ? Pas un pirate en ce moment suprême ne fit entendre une prière, un cri de grâce ; pas un ne parut implorer le secours de ceux qui, de l'élégante dunette du navire, assistaient impassibles à cette horrible destruction.

Seul, le *panco* monté par le *dato* dont j'ai dépeint le costume chevaleresque n'avait point chaviré. Dès l'apparition de la *Constancia*, il s'était assez rapproché de nous pour se mettre à l'abri des atteintes du bateau à vapeur, il ne pouvait être coulé sans nous faire courir le même risque. Perpetuo eût pu avec la plus grande facilité mitrailler ceux qui le montaient; une telle victoire eût été trop facile ; il fallait à notre Tagale un triomphe plus glorieux. — Vous paraissez désirer voir de près l'armure de ce chef de bandits? me dit-il ; je vais vous la chercher. Si je la rapporte, je vous prierai de la garder en souvenir de moi ; si j'avais le malheur de succomber, jurez-moi de faire tout votre possible pour que mon corps ne devienne pas, comme ceux des Moros, la pâture des requins.

Je cherchai à détourner le brave Tagale de sa hasardeuse entreprise ; mais autant eût valu chercher à enlever à un lion la proie qu'il a saisie. La chaloupe du brick fut mise à la mer en une seconde, et, accompagné de huit hommes seulement, Perpetuo s'avança vers les pirates, stupéfaits de son audace. Placé à l'avant de la chaloupe, n'ayant à la main que son large couteau indien, il offrait bravement sa poitrine nue à la lance que le chef de la pirogue dirigeait lentement vers lui. Quelques coups de rames encore, et l'arme du *dato* allait effleurer la poitrine du Tagale ; mais au moment où chacun tremblait pour lui, quand toutes les voix de ceux qui assistaient à ce duel inégal lui criaient de reculer, d'un bond prodigieux Perpetuo s'élança de la chaloupe sur la pirogue. Avant que son ennemi eût pu se couvrir du bouclier qu'il tenait de la main gauche, le large couteau de l'Indien entrait dans son cou jusqu'à la garde. Un cri lamentable perdu dans un sanglot étouffé se fit entendre et les deux combattants tombèrent ensemble à la mer. L'embarcation des pirates était trop légère et trop pesamment chargée pour résister à la violente secousse que lui avait imprimée Perpetuo en s'y élançant. Elle chavira. Les flots se couvrirent encore une fois de malheureux dont les matelots de la chaloupe frappaient à coups de rames les têtes et les torses nus. Notre capitaine, ruisselant de sang et d'eau, était remonté à la surface, tenant d'une main ferme le corps inanimé du chef. Tout en gagnant notre bord à la nage, Perpetuo ne cessait de l'injurier et de me crier que sa dépouille m'appartenait. Je l'aidai à remonter, et, sur une simple parole de moi, mû bientôt par un sentiment de commisération, il ordonna de ne plus frapper ceux qui nageaient encore autour de nous. Sept de ces malheureux furent retirés des flots au moment où ils allaient y disparaître pour toujours. Nous les fîmes transporter sur la *Constancia*, où ils furent soignés et rendus à la vie. Peut-être eût-il été plus clément de les laisser périr avec leurs compagnons, car un mois après ils étaient condamnés à être fusillés comme pirates.

III

Surigao. — Productions de Mindanao. — Entrée triomphale à Butuan. — Les nids de salangane. — Le serpent Dahen-Palay. — Départ pour Sooloo. — Les pêcheurs de perles. — Dickson.

Les Espagnols n'occupent que cinq points un peu importants du vaste littoral de l'île de Mindanao, dont la population est de 700,000 habitants. Le gouverneur, chef à la fois politique et militaire, réside à Samboanga. Il est colonel et a sous ses ordres un régiment, deux canonnières à vapeur et de nombreuses *lorchas*, petites embarcations armées de deux pièces d'artillerie à pivot, destinées spécialement à la police des baies et des détroits. Ces forces, insuffisantes pour une surveillance efficace, sont occupées sans cesse à réprimer les brigandages des populations de l'intérieur. Ces dernières, surexcitées par le fanatisme musulman, ne reconnaissent d'autre autorité que celle du sultan de Mindanao et Sooloo. Leur haine contre les villages chrétiens du littoral, tributaires des Espagnols, se manifeste journellement par de sauvages agressions. La province de Surigao, d'où dépend Butuan, est la partie la plus riche de l'île. L'or s'y rencontre à fleur de terre, et il suffit de laver avec un peu de patience les sables des ruisseaux qui coupent en tout sens les versants des montagnes d'origine volcanique pour y recueillir des paillettes du précieux métal. Il n'est peut-être pas inutile d'aviser les futurs explorateurs de ce nouvel eldorado qu'au début ils trouveront, comme en Californie, les forêts du district de Surigao et des provinces adjacentes occupées par des tribus farouches qui n'admettront point sans combattre l'invasion des chercheurs d'or. L'indolence des possesseurs actuels de ces riches gisements est d'ailleurs si grande qu'on peut s'en rapporter à eux pour conserver intacts les trésors mis à leur portée par la nature. Se bornant à recueillir la poudre d'or strictement nécessaire pour acquérir soit une pièce de cotonnade bleue, soit quelques joyaux de bijouterie fausse, ils retournent à leur incurable paresse dès qu'ils possèdent l'objet de leur convoitise, et surtout celui de leurs femmes. C'est surtout pour satisfaire un caprice de ces dernières qu'on les voit, chrétiens ou infidèles, entreprendre des travaux ou des actes de piraterie dont pour eux-mêmes ils ne voudraient point affronter les fatigues et les périls.

Un officier espagnol qui connaissait bien leur faiblesse en tira un curieux avantage. Tous les hommes valides d'un village qu'il avait à châtier s'étant enfuis, il courut s'emparer des femmes qui s'y trouvaient, et les conduisit triomphalement prisonnières à Samboanga. Il fut accueilli par de grands éclats de rire; mais le lendemain on ne le plaisantait plus, car dès l'aube tous les hommes du village accouraient à Samboanga, demandant à partager la captivité de leurs femmes. C'étaient des Illanos appartenant à une des tribus les plus énergiques. On dut les embarquer pour le nord de l'île de Luçon, où on leur donna des terrains à défricher et à mettre en culture. Peu de temps après, ils abandonnaient la colonie pour revenir à leurs montagnes de Mindanao. Par un miracle d'énergie, ces hommes d'apparence chétive réussirent à faire une traversée de plus de cent lieues dans des pirogues formées de troncs d'arbres grossièrement creusés, n'ayant pour nourriture que quelques racines, un peu de riz, et pour boisson que l'eau du ciel.

Les Chinois ont seuls osé transporter quelques produits d'Europe jusqu'au milieu des montagnes où s'élèvent les villages des indigènes. Dès leur arrivée au milieu d'une population, ils s'assurent par des cadeaux l'appui d'un chef appelé par eux *souqui* ou protecteur. Pendant que, sous cette fragile sauvegarde, ils se livrent à leur trafic, leurs yeux obliques trahissent des craintes secrètes. Il suffit en effet que le chef du village, peu satisfait des présents reçus, manque à la parole donnée pour que le pauvre diable de Chinois soit à peu près perdu. Non-seulement ses marchandises sont pillées, mais, déchiré par les femmes, battu par les hommes, lapidé par les enfants, il n'a plus qu'une ressource, fuir la montagne et rejoindre le littoral. S'il s'égare dans les jungles, il succombe bientôt sous le poids des fatigues et des privations. Des fourmis innombrables le dévorent dès qu'il tombe à terre, et il souffre un affreux supplice avant de rendre le dernier soupir.

Il est impossible de n'être point dominé par un vif sentiment de tristesse lorsqu'on voit les fleuves de cette île admirable à peine troublés par la rare apparition de quelques pirogues montées par des hommes d'aspect farouche, au teint cuivré et toujours empressés à fuir l'approche des blancs. On voudrait défricher ces forêts vierges où le boa, sous l'ombre impénétrable et séculaire, atteint des proportions énormes. Les essences de toute nature y croissent en désordre. Le bois de teck, si recherché pour les constructions navales, et dont l'amertume chasse probablement les rongeurs, s'y trouve à chaque pas; le cannelier, non moins parfumé que celui de Ceylan, le cacaotier, le sagoutier, y croissent sans culture. Le caoutchouc, la gomme-gutte, le miel, la cire, se présentent partout à la main qui voudrait les récolter. Les jésuites, avec leur intelligence des affaires, eussent fondé dans cette contrée un établissement lucratif, si le bref de Clément XIV., en 1773, n'eût supprimé leur ordre et arrêté brusquement leurs progrès. Remontant patiemment le cours du Rio-Grande, dont l'embouchure se trouve dans la partie occidentale de Mindanao, il s'était fait favorablement accueillir des principales tribus. Les Bilanos, les Manguianes, les Manobos, avaient embrassé presque spontanément le christianisme. Peu de temps après leur départ, il ne resta plus d'autres vestiges des prédications de ces missionnaires que quelques légendes dans lesquelles les indigènes leur attribuent un pouvoir surnaturel. Un vieil Indien des Visayas me dit avoir entendu souvent son père lui raconter qu'un jésuite avait devant lui marché sur une barre de fer rouge et avalé des étoupes enflammées.

On ne peut pas beaucoup reprocher à l'Espagne, agitée par ses discordes intestines et réduite à défendre des possessions plus rapprochées de la métropole, l'abandon dans lequel se trouvent ses possessions du sud dans le Pacifique. Le moment est arrivé pourtant où l'attention de ses hommes d'État doit se porter de ce côté. L'ouverture de l'isthme de Suez va permettre d'établir des communications rapides avec les Philippines, qu'un navire à voiles partant de Cadix n'atteint qu'après cinq mois de navigation; Manille étant déclaré port franc, les colons de tous les pays se porteraient vers ces contrées encore inexplorées. Les émigrants y trouveront une nature désordonnée, mais féconde, des hommes barbares, mais énergiques. Avec un courage soutenu pour défricher le sol et de l'équité dans les rapports avec les indigènes, l'œuvre de civilisation deviendra moins difficile qu'on ne le suppose. Sans doute les commencements seraient traversés de périls, de souffrances et de désastres; mais, en attendant un résultat rémunérateur, les Européens trouveraient de nobles dédommagements dans les grands spectacles d'une nature vierge et dans la satisfaction de diriger vers le bien l'âme de ces grands enfants que nous appelons des sauvages.

Le bruit du triomphe de la *Constancia* sur les Moros avait précédé notre arrivée à Butuan. Le commandant avait eu la gracieuseté de remorquer notre brick jusque dans la rivière qui porte le même nom que le village et dans le mouillage sans doute où Magellan avait jeté l'ancre. Une véritable ovation nous attendait à l'arrivée. Il nous fallut défiler, Perpetuo Illustre en tête du cortége, dans toute l'étendue de *la Calle real*. Deux corps de musique jouant chacun un air différent nous escortaient. Notre marche triomphale ne s'arrêta que devant le tribunal, où, pour nous offrir un *refresco*, se tenaient dans leurs plus beaux atours, le curé, le capitaine et les principaux du village. Ces derniers portaient la chemise flottante, tissée de fibres d'ananas aux brillantes couleurs. Des pantalons étroits en satin tombaient sur leurs pieds nus remarquablement petits. L'accessoire le plus riche de leur toilette était le *salacot*, sorte de chapeau chinois fait en corne de buffle délicatement découpée. Ces coiffures, excellentes contre le soleil, richement incrustées de plaques d'argent, valent dans le pays 200 francs environ. Je ne pus résister au désir d'en acheter une, qui plus tard, étrange destinée d'un chapeau, a figuré avec succès sur la tête d'un de mes amis dans un bal costumé des Tuileries.

La journée se passa en fêtes. A minuit, malgré les fatigues de la journée et des nuits précédentes, Perpetuo dansait encore avec sa fiancée une interminable *habanera*. Je ne pouvais me lasser de regarder le costume gracieux et original des femmes. Un canezou en tissu de fibres d'ananas d'une transparence extrême permet aux regards d'admirer des formes qu'un corset ne froissa jamais. Un jupon de soie aux couleurs éclatantes descend jusqu'aux pieds, qui sont nus dans de petites mules de velours noir recouvertes de broderies d'or. Les cheveux, d'une abondance extrême, mais peu soyeux, sont relevés généralement à la chinoise et ornés sur le côté d'une fleur écarlate appelée *gougamela*. Quelques créoles viennent parfois au bal avec la chevelure entièrement déroulée à la mode américaine d'aujourd'hui. Ce sont celles qui ont passé la journée au bain en compagnie d'invités des deux sexes. Rien de plus charmant que ces réunions de jour, inconnues en Europe, où tour à tour on chante, dort, fume ou nage jusqu'à l'heure du bal.

Butuan, que je m'empressai de parcourir le lendemain matin, est un pauvre village dont la population, qui ne dépasse pas 2,000 âmes, vit de la récolte du sagou, qu'on extrait d'un palmier fort abondant dans les environs, et d'un miel parfumé recueilli dans les troncs des arbres et les creux des rochers. Toute l'industrie locale consiste dans l'exploitation d'une mine d'or voisine du village, et dans la vente du *tripang*, sorte de grosse sangsue marine fort abondante sur les côtes. Desséché au soleil, le tripang est acheté par les commerçants chinois, et figure avec avantage sur les tables des hauts mandarins de Canton et de Pékin. On y trouve encore le nid d'hirondelle ou *salangane*, mets fort apprécié, comme chacun sait, par les habitants du Céleste-Empire. Ce plat singulier coûte dans le pays 100 francs le *cate* ou les deux kilogrammes. L'oiseau qui le produit ressemble à l'hirondelle d'Europe ; mais il est plus petit. Il bâtit son nid dans le creux de falaises escarpées. Le nid, très-blanc, très-apprécié lorsqu'il est exempt de plumes, a l'aspect d'un tissu d'albâtre à larges mailles ; d'après les indigènes, la néossine, ou matière dont il se compose, est enlevée par la salangane à un coquillage qu'elle trouve sur les plages. Lavé, grillé, préparé par un bon cuisinier, je lui ai trouvé un goût fade, mais point désagréable.

Les habitants de Butuan, ne pouvant se livrer à l'agriculture dans la crainte de voir leurs moissons pillées par les Moros, se proposaient, lors de mon passage, de transporter leurs pénates à l'embouchure de l'Agusan, fleuve immense dont les rives sont peuplées par des tribus avec lesquelles ils ont l'espérance de faire des échanges. Pour ceux qui connaissent le Japon et les grandes bourgades de l'Océanie, le transport d'un village d'un point à un autre n'a rien d'extraordinaire. Chaque habitation est en bambou; elle n'est couverte que par une toiture fort légère de feuilles de palmier; tout l'édifice repose, comme dans les habitations lacustres, dont elles doivent se rapprocher beaucoup, sur quatre piliers en bois de teck, qui s'élèvent à 3 ou 4 mètres de terre. Huit hommes vigoureux peuvent la soulever aisément et la transporter à l'endroit où il leur convient de l'établir. Les habitations indiennes sont ainsi isolées du sol non-seulement à cause de l'humidité de la saison des pluies, mais en vue de les préserver de l'invasion des serpents. Malgré cette précaution, il n'est pas rare d'en trouver le matin dans le lit même où l'on est couché, si le domestique chargé de fermer le moustiquaire ne l'a point fait avec soin. Les indigènes, considérant la présence d'une ou plusieurs couleuvres dans leur maison comme l'indice certain d'une fortune prochaine, se gardent bien de les détruire. D'ailleurs, ces *culebras caseras*, couleuvres domestiques, sont tout à fait inoffensives, et même font une chasse très-utile aux souris, aux cancrelas et aux scorpions. L'île renferme, il est vrai, des serpents plus dangereux. La vipère abonde dans les fossés, et les rizières en recèlent une espèce très-venimeuse appelée par les Tagales *dahen-palay*, c'est-à-dire tige de riz. Délié comme un léger cordon de soie, vert comme le jeune blé, la tête effilée et animée par des yeux d'un éclat sinistre assez semblable à celui de deux perles noires, ce gracieux, mais terrible reptile se jette sur l'Indien dès que le buffle qui lui sert de monture le froisse de ses pieds pesants. Lorsqu'il travaille à ses plantations de riz, l'Indien est ordinairement nu : la morsure pénètre donc profondément dans les chairs, et l'effet en est foudroyant. Un frisson parcourt durant quelques secondes le corps du malheureux ; il se voit gonfler d'une façon horrible, et bientôt tombe expirant dans un sillon fangeux. Le buffle, les oreilles injectées de sang, court alors dans les rizières, affolé de terreur, et menaçant de ses cornes gigantesques un ennemi invisible que son instinct lui fait deviner.

L'église de Butuan, simple grange en bambou que de longues perches placées extérieurement maintiennent en équilibre, est élevée à l'endroit même où Magellan fit dire la première messe qui ait été célébrée dans ces parages. Un bois de cocotiers et d'aréquiers peuplé de loriots au plumage d'or l'abrite de son ombrage ; un ruisseau bordé de pervenches roses, de bananiers et de palmiers-éventails coule sur un des côtés du pauvre temple, et répand dans l'intérieur une fraîcheur délicieuse. Lorsque j'y entrai, de jeunes Indiennes, la tête voilée sous un mouchoir brodé, accroupies sur leurs talons et mâchant nonchalamment le bétel, y récitaient des prières. Je reconnus dans le nombre Carmencita, la jolie fiancée de Perpetuo, et plusieurs danseuses de la veille. Je m'abstins de leur parler, craignant de les voir s'enfuir comme une volée d'oiseaux sauvages, ainsi qu'elles le font toujours à l'approche d'un étranger. Je les laissais à leur dévotion, calme comme tous les sentiments qu'elles éprouvent, et j'allai m'étendre sur l'herbe au bord du ruisseau. C'est bien en un lieu semblable, couvert d'ombre et de fleurs, qu'un marin doit rêver de se voir après un long voyage.

Le commandant de la *Constancia* m'engagea beaucoup à ne pas passer à Butuan les quinze jours nécessaires à Perpetuo pour compléter son chargement de tripang : la sévère leçon donnée aux Moros rendait trop périlleuse une incursion dans l'intérieur de Mindanao. Une canonnière à vapeur venait de transmettre à son navire l'ordre de se rendre sans retard à la capitale des îles Sooloo pour procéder à l'installation d'un nouveau sultan. Il m'offrait courtoisement de me faire assister à cette cérémonie, et, comme la *Constancia* devait aussitôt après retourner à Manille en touchant à Cebu, il me déposerait dans cette île pour m'y laisser visiter la tombe de Magellan. Je ne quittai pas sans regret le brave capitaine de *Nuestra Senora de la Merced*. En échange de l'armure et du casque du *dato*, dont la possession avait failli lui être fatale, je lui laissai ma carabine. Tant que la *Constancia* fut en vue, je le vis debout, m'adressant de la voix de sympathiques adieux.

Deux jours après notre départ de Mindanao, après avoir rallié d'autres bâtiments à Samboanga et à Isabela, nous jetions l'ancre devant Jolo ; nous avons francisé ce mot, selon une fâcheuse coutume, et nous en avons fait Sooloo. A peine les sept navires composant la division navale espagnole eurent-ils mouillé en face de la ville, entre la pointe Matenda et la plage Damel, qu'on signala l'approche d'une grande pirogue. Elle était montée par trente rameurs malais. Un rouleau d'étoffe blanche ceignait leur tête ; leur torse nu et robuste ruisselant de sueur jetait de beaux reflets bronzés sous l'action d'un soleil de feu. Stimulés par la présence de l'escadre, ils mettaient évidemment toute leur adresse à manœuvrer leur embarcation. En quelques minutes, ils eurent accosté le bateau à vapeur, et un personnage imberbe, aux yeux obliques, aux jambes nues, vêtu simplement d'un justaucorps de soie jaune sans manches, se détacha de l'équipage, et demanda, en sa qualité de secrétaire du nouveau sultan, à complimenter le chef de l'expédition. Admis en sa présence, il annonça qu'une grande difficulté s'opposait à ce qu'on procédât à la cérémonie de l'investiture. Son maître, Mojamed Diamoros Alan, s'était retiré avec sa cour depuis soixante jours sur le sommet d'une montagne voisine, à l'endroit où le paduca[1] majasari[2] maulana[3] Mohammad Palalan, son père, était enseveli. La coutume exigeait qu'il y restât cent jours en prière, et, comme ce délai n'était pas atteint, il suppliait le chef espagnol de ne point forcer le jeune sultan à interrompre un deuil dont le Koran lui faisait une prescription rigoureuse. Tout en respectant le pieux motif de cette supplique,

---

[1] L'illustre. — On désigne ainsi uniquement les sultans, leurs fils, et les descendants jusqu'à la troisième génération.

[2] Immaculé. — Cette application ne s'applique qu'aux sultans et aux fils des femmes légitimes, de sang paduca ou illustre.

[3] Majesté.

on ne pouvait y acquiescer. Il n'y aurait eu ni dignité ni prudence à laisser l'escadre durant quarante jours sous le ciel embrasé de Sooloo à la disposition d'un vassal, quelque affligé qu'il fût. On renvoya donc assez lestement l'ambassadeur, qui dut transmettre au sultan l'invitation expresse de se trouver préparé dès le lendemain pour la cérémonie.

Le soir même, un peu avant le coucher du soleil, une nouvelle députation bien plus nombreuse que la première se présentait à bord. Elle était composée des plus hauts dignitaires de l'île, et nous eûmes quelque peine à cacher notre contentement lorsqu'ils nous dirent que leur visite avait pour objet de s'entendre sur le cérémonial à observer pendant la fête du lendemain. Les augures consultés, on avait décidé que le deuil pouvait être interrompu un jour, sauf à se continuer aussitôt après. Les marabouts sont tout-puissants sur l'esprit du peuple et des sultans de ces îles. Leur prétention à tout savoir est plus grande encore que leur influence. Un de ces derniers s'était joint à la députation; il soutint effrontément devant nous que rien ne lui était impossible, et que la résurrection des morts avait été toujours un privilége de son sacerdoce. On le laissa dire, car ses coreligionnaires l'écoutaient bouche béante. On eut peut-être le tort de lui faire boire trop de vin de Champagne, car en se retirant il nous montra sur le pont l'exemple le plus réjouissant de la fragilité humaine. J'eusse bien voulu descendre à terre lorsque la députation se retira, plus bruyante qu'elle n'était venue; on ne me le permit pas. Les populations de cette île, adonnées à la piraterie depuis des siècles, ne reconnaissent qu'avec répulsion la souveraineté espagnole, et il eût été périlleux pour un Européen isolé de se risquer la nuit dans le pays. J'objectais au commandant de la *Constancia* que je recevrais l'hospitalité d'un Anglais du nom de Dickson, établi depuis longues années à Sooloo et pour lequel j'avais des lettres. Je connaissais son fils, envoyé par lui à Paris pour y apprendre les langues d'Europe, et qui devait être à Sooloo en ce moment. Il me fut répondu que ce Dickson était très-mal vu des Espagnols, et que l'on craignait pour lui une fin tragique, digne couronnement d'une existence pleine d'aventures. Non-seulement Dickson avait eu l'adresse de faire supporter sa présence à Sooloo en prenant le costume des indigènes et en adoptant leurs coutumes, mais encore il avait réussi à se faire donner le titre de *dato* en obtenant pour femme légitime une des filles du sultan. Lors de l'expédition que le général Urbistondo dirigea en 1849 contre ce repaire de tous les écumeurs de l'archipel, on trouva dans les forts des canons de fabrique anglaise. Dickson fut soupçonné, non sans raison, d'avoir fourni cette artillerie, inconnue dans le pays avant son installation. Il eût été fusillé sur place sans la main protectrice du consul de sa nation, qui détourna de lui la colère très-redoutable de l'ancien général carliste.

Le lendemain matin, au lever du soleil, une formidable décharge de tous les canons de la *Constancia* tonnant sur ma tête me réveilla en sursaut, et je me préparai aussitôt à descendre à terre. Quand je montai sur le pont, toute l'escadre était pavoisée ; les officiers et les marins avaient revêtu leur uniforme de gala, et à dix heures, je fus débarqué sur le *pantalan*, jetée en bambou qui fait face à la ville. Sooloo a une population de 100,000 âmes environ ; elle se compose de descendants de Malais, de captifs chrétiens et de Guimbas. Ces derniers, considérés comme les aborigènes de l'île, sont en grande partie réduits en esclavage, et tendent avec rapidité à s'absorber dans les envahisseurs. Ceux qui vivent encore indépendants se sont réfugiés sur les montagnes de l'intérieur, et s'y nourrissent de racines et de gibier. Le sol de l'île est montueux et très-fertile ;

il produit le riz, le maïs, la canne à sucre ; le café est excellent, et, comme celui de Mindanao, peut rivaliser avec le moka. L'huître à perles, l'écaille de tortue, les ailerons de requins, — ce dernier produit recherché par les gourmets de Chine, — procurent de grandes richesses à ceux qui s'occupent de ce trafic. En touchant ce sol aux produits si riches, malgré l'aspect verdoyant de ses plaines bien cultivées, on éprouve un vif sentiment de répulsion pour cette fertilité due à un incessant labeur d'esclaves. Ce sont en effet des Guimbas fugitifs ou arrachés à leurs montagnes, des Indiens enlevés violemment à leur gai village, des pêcheurs jetés par un typhon sur les côtes de cette île inhospitalière, qui cultivent ces immenses plantations. Il en est dont le sort est affreux. En parcourant la plage, je rencontrai un groupe de captifs dans un état de maigreur effrayant. Je m'en approchai pour leur donner un peu de tabac. Ils me remercièrent étonnés, puis je les vis bientôt, flagellés par le rotin, plonger au milieu d'une mer infestée de requins et en sortir les yeux injectés de sang, tenant presque toujours à la main l'huître grossière dans laquelle est renfermée la perle fine. Si les femmes d'Europe savaient ce qu'un collier de ces belles larmes de l'océan coûte de souffrances, elles s'en pareraient avec moins de joie.

Je m'étais fait débarquer avec tous les officiers de l'escadre. A peine avions-nous fait quelques pas hors du débarcadère que nous nous vîmes entourés d'une population farouche, armée avec une sinistre profusion de krishs, de campilans et de longues lances barbelées. Quelques *datos* à cheval, revêtus de la cuirasse et le casque en tête, firent la haie autour de nous. Nous ne distinguâmes que peu de femmes dans cette multitude, et celles qui se montraient étaient vêtues d'oripeaux sordides. Je sus plus tard que les jeunes femmes du pays, fort belles, dit-on, avaient été tenues, le jour de notre débarquement, strictement renfermées dans les harems des chefs jaloux. Nous traversâmes la ville presque tout entière. Chaque habitation en bambou, élevée sur pilotis, entourée d'un fossé et d'un épais fourré de bananiers, est un véritable nid enfoui dans la verdure. Nous atteignîmes une éminence sur laquelle s'élevait un vaste hangar. A l'entrée flottait le drapeau espagnol ; à côté, mais à un mètre plus bas, on voyait la bannière du sultan. C'était là que ce dernier nous attendait avec ses ministres, sa cour et ses soldats. Quelques tentures de soie, un portrait de la reine d'Espagne placé au-dessus d'un fauteuil, le trône sans doute, complétaient l'ameublement. Le sultan ne portait aucune arme, sa tête était nue, un justaucorps et des pantalons en drap d'argent composaient toute sa parure. Son type, de pure origine malaise, n'avait rien de cruel. Par contre, ceux qui l'entouraient semblaient éviter nos regards, et la haine se lisait sur leurs physionomies. Leurs costumes se composaient aussi d'un justaucorps de soie avec des pantalons très-larges de même étoffe. Leurs doigts étaient surchargés de bagues; des colliers de perles d'un orient magnifique, — on pêche à Sooloo les plus belles perles du monde, — ornaient les turbans des chefs et des princes de sang paduca. Les armes étaient splendides, et je ne me lassais pas d'admirer plusieurs krishs richement damasquinés dont les poignées d'ébène étincelaient d'incrustations d'or et d'argent. On nous plaça sur l'estrade occupée par le sultan, les ministres et les *datos*. Ces derniers, au nombre de quinze, forment une sorte d'oligarchie féodale à laquelle doit céder fréquemment la volonté du sultan. Il y a trois ministres, pour l'intérieur, la guerre et les finances. Dans un état oligarchique comme celui de Sooloo, les ministères de la justice et des affaires étrangères n'ont pas de raison d'être. En ne les créant pas, le sultan a fait preuve de logique et d'économie bien entendue.

Le gouverneur espagnol, après avoir exprimé au jeune sultan Mojamed le regret d'avoir été dans l'obligation d'interrompre le cours d'un deuil sévère, lui fit connaître en peu de mots la volonté de l'Espagne. En échange d'une promesse formelle d'aider de toute son autorité à extirper la piraterie de l'archipel sur lequel il était appelé à régner, il recevait de la reine Isabelle II le titre de sultan de Sooloo, Tavi-Tavi et Bornéo. L'Espagne lui assurait aussi l'appui de ses forces dans le cas où ses sujets mécontents auraient un jour la fantaisie de le détrôner. Cette partie du discours était à l'adresse de quelques chefs, ennemis déclarés des Espagnols et dont la richesse avait pour origine la piraterie. Mojamed promit d'une voix mal assurée tout ce qu'on lui demanda. Il fut proclamé sultan. L'escadre, à un signal donné, fit feu de toutes ses batteries ; mais la foule, réunie autour du jeune souverain, garda un silence morne et très-significatif.

Pendant le cours de la cérémonie, j'avais cherché à découvrir les deux Dickson parmi les assistants. Le titre de *dato* porté par le père devait l'avoir autorisé à se placer près du trône, et je l'eus bientôt reconnu entre tous, grâce à ses cheveux rouges et à sa physionomie britannique. Vêtu d'un justaucorps et d'un pantalon de foulard couleur jonquille, la tête décorée d'un énorme turban écarlate, il était aussi sérieux dans cet accoutrement que n'importe quel Anglais en tenue d'étiquette à la cour de Windsor. Son fils était à quelques pas de lui dans le costume bizarre des guerriers de l'île, c'est-à-dire avec cuirasse au dos et casque en tête. Il tenait à la main une longue lance de bambou terminée par une pointe d'acier damasquinée. Au moment où mes yeux rencontrèrent ceux du jeune Dickson, je laissai échapper un *aoh* anglais, et lui adressai un signe d'intelligence ; mais sa physionomie resta impassible. Cependant son regard s'arrêta longtemps sur moi. J'attendis la fin de l'investiture ; lorsque les rangs se confondirent, je m'approchai de lui et lui demandai en français s'il ne m'avait point reconnu.

— Si, me dit-il en jetant sur son entourage des regards inquiets et en pâlissant légèrement ; mais je n'ai point osé le faire paraître, et je ne l'oserai qu'après avoir expliqué à mon père et à mes amis votre nationalité française et l'origine de nos relations. Nous n'aimons pas les Espagnols, et on ne pardonnerait à personne ici, — à moi moins qu'à tout autre, — d'en avoir un pour ami. Voyez combien déjà ma conversation avec vous excite de surprise et de soupçons. Dans quelques minutes, trouvez-vous en dehors de la salle auprès du poteau sur lequel flotte notre drapeau. Je vais demander à mon père si je puis vous conduire à notre habitation sans danger pour nous.

Peu après, il revint à l'endroit indiqué ; mais les circonstances n'étaient point favorables à une entrevue. Les chefs de l'île étaient exaspérés contre les Espagnols par suite de l'injonction faite au sultan d'interdire la piraterie. J'étais venu avec l'escadre ennemie, et il paraissait impossible à Dickson de faire comprendre à ses compagnons que je n'étais qu'un voyageur curieux. Je voulus apprendre pourquoi ce jeune homme, élevé en Europe, au milieu de notre civilisation, portait une si furieuse haine à l'Espagne.

— Vous savez bien, lui dis-je, qu'elle ne veut point vous dépouiller de vos richesses ; elle exige seulement que ceux au milieu desquels vous vivez ne commettent pas de piraterie et ne recrutent pas leurs esclaves chez les Indiens qui reconnaissent ses lois.

— Il est possible, répondit Dickson avec colère, que tel soit aujourd'hui le seul désir de l'Espagne. Elle ne se sent peut-être pas assez forte pour nous soumettre plus complétement ; mais, dès qu'elle le pourra, elle nous imposera un tribut et ses moines. Je prévois sa domination, et c'est pour cela que je la déteste. Fils de ces contrées, je hais l'Europe ; le mangeur de riz ne doit s'approcher du mangeur de blé que pour le combattre.

Dickson avait parlé avec une grande animation. Je me hâtai de changer de conversation. Un des officiers espagnols eût pu nous entendre. J'étais curieux de savoir si le jeune Dickson était marié, et je le lui demandai.

— Je ne le suis point encore, me répondit-il d'un ton plus calme ; selon l'usage du pays, j'ai déjà mon harem. Bientôt je prendrai une femme légitime ; ma mère est fille du dernier sultan, et, ayant par ma naissance du sang paduca dans les veines, j'épouserai une paduca. Cette alliance servira mon ambition ; un jour vous apprendrez peut-être que le sultan de ces îles s'appelle Dickson.

— Avez-vous d'autres titres qui justifient cette haute prétention ?

— Oui, répondit-il, ma haine contre l'Espagne ; mais cela ne suffit pas encore. Il me faudra guerroyer contre elle. Dès que j'aurai mon entrée dans les conseils du sultan, je m'en servirai pour pousser à la guerre, et, si notre nouveau souverain, malgré sa parenté avec moi, veut continuer à courber nos têtes sous un joug odieux, malheur à lui, son règne ne sera pas long!

Depuis le début de cette conversation, l'attroupement formé autour de nous augmentait d'une manière inquiétante. Quelques indigènes adressèrent à voix basse à Dickson des paroles qui devaient être insultantes, car je le vis pâlir de colère. Ne voulant pas lui nuire, je m'empressai de m'éloigner en l'invitant à venir me voir à bord et même en France, si jamais il lui prenait fantaisie d'y retourner. A nuit close, lorsque, malgré une mer furieuse et un orage épouvantable, nous levions l'ancre pour nous diriger vers Cebu, il nous sembla qu'une pirogue aux allures mystérieuses rôdait autour de la *Constancia*.

— *Quien vive?* cria le matelot en vigie, et une voix montant de la mer prononça mon nom. C'était Dickson. Sans vouloir monter à bord, l'ambitieux Polynésien m'apportait, pour que je les gardasse en souvenir de ma visite à Sooloo, trois armes superbes, deux compilans et un krish. A peine avais-je eu le temps de les recevoir et de lui crier merci qu'il disparaissait, emporté comme un oiseau de mer dans le sombre tourbillon de la tempête. Je n'ai plus entendu parler de lui.

IV

Magellan à Cebu, — Les pirates de la *Constancia*. — Exécution.

Cebu, où me déposa le capitaine de la *Constancia*, est plein des souvenirs de Magellan. Il y arriva le 7 avril 1521. Deux mille insulaires armés de lances l'entourèrent ainsi que son escorte aussitôt qu'il eut touché la plage. Tout de suite, ils voulurent échanger du riz, des noix de coco, des chèvres, des oiseaux, contre les miroirs et les jouets en verre que les Espagnols leur montraient. Hamabar, le roi des Cebuanos, offrit à Magellan une alliance que ce dernier accepta. Selon la coutume établie entre les chefs de l'archipel de la Sonde, Magellan et son allié se firent une incision à la poitrine ; le sang qui en jaillit, mêlé dans une coupe, fut vidé jusqu'à la dernière goutte par les deux chefs. On raconte que le commandant espagnol, voulant célébrer par des fêtes le pacte de sang qu'il venait de sceller, fit tonner toute son artillerie ; mais les Cebuanos, qui n'avaient jamais entendu le bruit des armes à feu, s'enfuirent sous bois, pleins d'épouvante. Il fallut offrir beaucoup de présents et perdre beaucoup de temps pour les ramener. Le premier édifice en bambou que les Espagnols élevèrent fut encore une église. En comprenant mieux chaque jour le caractère enjoué et doux des Indiens de cet archipel, le chef de l'expédition devina que les pompes du culte catholique lui seraient d'un grand secours pour charmer, séduire et dominer les défiants sauvages. On fit assister le roi de Cébu, sa femme et les principaux de l'île à la première messe qui fut dite. Les chants religieux, les nuages bleus et parfumés de l'encens, l'étrangeté et la richesse des vêtements sacerdotaux ravirent ces enfants curieux, et, comme le dit l'historien Ramon Navarrette, « ce jour-là, l'île fut baptisée en masse et en grande pompe. » La conquête de l'archipel était faite, si bien faite qu'elle a duré jusqu'à nos jours.

Tous les historiographes sont d'accord pour reconnaître à Magellan un caractère chevaleresque. Apprenant que son nouvel allié est en guerre avec le cacique de l'îlot de Mactan, situé en face de Cebu, il lui propose d'aller le combattre, prend cinquante de ses hommes, descend avec eux à Mactan, sans que l'ennemi ose paraître. Il veut alors s'aventurer vers l'intérieur de l'île ; mais, s'égarant bientôt dans les fourrés de mangliers fangeux qui bordent la rive, il est forcé de s'arrêter. C'est en ce moment qu'une nuée de flèches, lancées par des mains invisibles, tombe sur les Espagnols. Une d'elles l'atteint profondément au côté gauche et lui ôte la vie. Six de ses compagnons sont aussi frappés mortellement. Le reste de la troupe, ne pouvant faire feu sur un ennemi qui s'obstinait à ne point paraître, se replia morne et désespéré vers le lieu de débarquement. C'est le 26 août 1521 que Magellan succomba. Le lendemain, ses compagnons l'ensevelirent sur la pointe de l'îlot, en face même de Cebu. Rien de plus charmant que cette petite île verdoyante baignée par les flots du Pacifique. Je m'y fis conduire, et, pénétrant sous un bois de palétuviers gigantesques, je m'arrêtai devant une simple croix de bambou, élevée sur un tertre gazonné tout émaillé de pervenches roses. Les pères augustins qui vinrent s'établir dans les Visayas à la suite de Legaspi, — le véritable conquérant des Philippines, — ont renouvelé tous les ans, sur la tombe du grand Magellan, cette petite croix qui indique le lieu précis de sa sépulture. Plus tard, en 1866, je recevais à Paris de mon ami le colonel Creus une lettre dans laquelle il me disait que, nommé gouverneur de Cebu, il venait de faire élever sur la pointe de Maclan un monument de pierre à la mémoire de celui auquel l'Espagne doit une de ses plus belles colonies.

Un mois après mon retour à Manille, à quatre heures du matin, tout ce qu'il y avait en rade de bricks, de goëlettes et de jonques vint se ranger en face de la jetée près de laquelle s'élève le fort de Santa-Lucia. C'est là que devaient être passés par les armes, sur la grève qui porte le nom du fort, et au moment où un coup de canon de la *Constancia* donnerait le signal, les sept malheureux pirates arrachés par Perpetuo à une mort horrible; notre pitié ne leur avait procuré en réalité qu'une agonie plus lente. Ayant appris, la veille du jour de l'exécution, qu'ils avaient été mis en chapelle selon la funèbre coutume espagnole, j'allai les voir. Ils me reconnurent aussitôt, embrassèrent mes mains, et acceptèrent en souriant le bétel et les cigares que je leur offris. Je leur fis traduire le sentiment de pitié que leur sort m'inspirait, et je dois avouer que, s'ils mangèrent avec joie le *curry* que je leur fis apporter, ils parurent ac-

cueillir mes doléances d'un air presque moqueur.
Un prêtre indigène venu là pour les assister m'assura qu'il n'avait jamais vu d'hommes regretter
si peu la vie. Partageant fraternellement avec
eux mes cigares et mon bétel, le *padre cura*
s'efforçait, avec la meilleure intention du monde,
d'égayer par de grosses plaisanteries les quelques heures qu'il avait à passer avec eux. Ces
races redoutent un mince châtiment, une souffrance légère : cent Indiens ou Chinois fuiront
devant le bambou d'un Européen irrité ; mais
ils marcheront à la mort sans peur comme sans
bravade. Au moment où je disais un dernier
adieu à ces infortunés, je ne pus m'empêcher
de remarquer avec combien peu de précaution
ils étaient attachés. Leurs bras et leurs mains
étaient libres ; une corde liait tout simplement
une de leurs jambes nues à une tringle de fer
scellée à la muraille de la chapelle : l'effort
d'un seul d'entre eux devait suffire pour rendre
la liberté à tous. Un des pirates, grièvement
blessé lors de la rencontre de la *Constancia*,
gisait étendu sans lien sur les marches de granit
de l'autel. La mort ne pouvait être pour lui
qu'un bienfait, et ses yeux, où l'on voyait
briller le feu de la fièvre, semblaient regarder
avec une expression jalouse le groupe froidement résigné de ses compagnons.

Vers les deux heures du matin, les gardes placés à la porte de l'église, ainsi que le prêtre qui devait passer la nuit près des condamnés, fatigués sans doute par la chaleur accablante d'une nuit tropicale, oublièrent leurs prisonniers. Sans même songer à donner un tour de clé à la porte de la chapelle, ils s'abandonnèrent au repos. Les pirates, qui durent feindre un sommeil profond jusqu'à ce moment-là, descellèrent sans bruit la porte de fer, seul obstacle à leur fuite. Comme la chapelle était hors de Manille, en un instant ils se trouvèrent éloignés du lieu de l'exécution, persuadés, les malheureux, qu'ils retrouvaient la liberté et la vie.

On devine quelle fut au réveil la stupéfaction de l'infanterie de marine chargée de la garde et de l'exécution des prisonniers. Le *padre*, frais et joufflu, jetait les hauts cris, et regrettait pour le ciel des âmes si bien préparées; mais ce qui surprit beaucoup plus que l'évasion, ce fut de voir, sur les gradins de la chapelle, deux des prisonniers sommeillant paisiblement, étroitement enlacés. L'un était le jeune blessé. On demanda à son compagnon, qui était très-valide et débarrassé de ses liens, pourquoi il n'avait point fui avec les autres. Il fit une réponse qui eût dû lui valoir cent fois la vie.

« Mon frère, dit-il avec simplicité en désignant le blessé, n'a pu me suivre, et je me suis senti trop faible pour le transporter bien loin. J'ai donc voulu mourir avec lui, puisqu'il ne pouvait vivre avec moi. » L'officier qui entendit cette réponse héroïque n'avait jamais eu de frère sans doute. Mystifié par l'évasion des prisonniers dont il avait eu la garde, il se hâta de conduire au supplice ceux qui lui restaient. Les deux Malais, sans proférer une parole de regret, sans qu'on vît une larme mouiller leurs yeux, tombèrent criblés de balles en se tenant embrassés. Il est presque certain que, si l'exécution eût été remise au lendemain, la voix publique eût commué la sentence.

On mit à prix, à un prix fort élevé, les têtes des cinq autres fugitifs. Poursuivis de tous côtés par de la cavalerie et des Indiens avides, ils ne purent gagner les montagnes de l'intérieur. Réfugiés dans un immense champ de cannes à sucre, il y restèrent cachés tant qu'ils purent résister aux tortures de la faim. L'un d'eux, qui se sentait mourir d'inanition, se décida enfin à sortir de sa retraite pour aller en se traînant implorer un peu de riz d'une femme tagale dont il apercevait l'habitation au milieu d'un bouquet de bambous. En entendant un idiome qui n'était pas le sien, l'Indienne, déjà informée de l'évasion, eut des soupçons. Elle donna, sans manifester aucune émotion, le riz qui lui était demandé, puis elle fit suivre le malheureux affamé. Il fut découvert et cerné ainsi que ses compagnons, et le sang rougit de nouveau la plage de Santa-Lucia.

FIN

TABLE

INTRODUCTION 1

I. Le Ripon. — Calpée et Abyla. — Les Anglais en voyage. — Bible et cotonnade. — Le Maltais. — Civita-Vecchia. — Derna en Tunisie. — Alexandrie. — Le Nil. — Sept demoiselles à marier. — Masr-el-Qaherah. — Origine des chrétiens selon Mahmoud. — Suez. 5

II. *Addington* et *Némésis*. — Mer Rouge. — La *Bamboula* des Nubiens. — Les plateaux d'Abyssinie. — Aden. — La bastonnade. — La fête de la reine d'Angleterre dans l'Arabie-Heureuse. — Les officiers anglais chantent la *Marseillaise*. — Le *Smile*............ 33

III. L'Océan indien. — Le groupe des Maldives. — Urgente nécessité d'un établissement européen. — Les Parsis ou Guèbres. — Ceylan. — Le grand pic d'Adam. — L'arec. — Les éléphants enrégimentés. — Bonze et tailleur. — Malacca. — Haine générale des colonies contre les métropoles. 49

IV. Malaisie. — Sumatra. — Javanais et le roi de Hollande. — Singapour. — Invasion des serpents. — Le Malais. — Sir John Knox Smith. — La *Panca*. — Histoire d'un chasseur de tigres. — Formose 69

V. En Chine. — Dîner avec Hataï, Fatma, Atoï, Atchaï et Loï. — Contrat de vente d'une jeune fille chinoise. — La Chine et le missionnaire. — Le Céleste. — Canton. — Une fête en bateau. — Patriotisme des boulangers chinois. — Macao. — Le drapeau tricolore. — La traite en Chine. — Un drame lugubre à Manille.. 97

VI. Shang-Haï. — Le Comptoir d'escompte de Paris. — Le général San-Ko-Lin-Sin, mort ou victorieux. — Le meurtre de M. Fontanier, consul de France à Tien-Sin. — Débordement inévitable de la race chinoise sur l'Europe. — Le mandarin de race. — Le thé tel qu'il doit être pris. 131

VII. Yokohama. — Supériorité du Japonais sur le Chinois. — Le Fusyama. — Opinion de saint François-Xavier sur les Japonais. — Kavasaki et les Mousmées. — L'enfant japonais. — Les larmes de crocodile d'un savant allemand. — Le Pacifique. — San-Francisco. — Le chemin de fer du Grand-Central. — New-York. 147

UN NAUFRAGE AUX ILES DU CAP VERT

I. Le départ. 163
II. Le *Rubens*. 167
III. Flessingue. 171
IV. Middelbourg. 175
V. Entrée dans la Manche. — Tempête. — George Sand. 183
VI. L'île de Sel. — Boa-Vista. — Le naufrage.. 189
VII. A la barre. — Le second du *Rubens*......... 195
VIII. En mer. — Les points noirs. — Joachim Livramento. — L'oasis. 201
IX. Boa-Vista, capitale. — Deux cavaliers. 211
X. Les fièvres. — Le consul mulâtre. — La vente d'esclaves. — Marie Harlowe. — La dame française. — Une morte à la mer... 215

XI. Port-Praya. — San-Antonio. — Le Fogo... 231
XII. Enrique d'Oliveira. — Francisco Cardozzo de Mello.................................... 237
XIII. Une maison portugaise à Port-Praya. — L'*Oranjo*. — L'esclave noir. — Le *Funchall*. — Retour en Europe..................... 243
Conclusion................................. 253

UNE EXCURSIOF A LA TOMBE DE MAGELLAN A MACTAN

DANS L'ARCHIPEL DES PHILIPPINES — OCÉANIE —

I. Les moussons. — Les pirates. — Émeraudes flottantes. — L'île de Negros. — Les Negritos. — Pedrito............................ 263
II. L'île de Mindanao. — Tempête en vue de Butuan. — Echouement. — Nuit tropicale. — L'attaque. — La *Constancia*............ 281
III. Surigao. — Productions de Mindanao. — Entrée triomphale à Butuan. — Les nids de salangane. — Le serpent Dahen-Palay. — Départ pour Sooloo. — Les pêcheurs de perles. — Dickson...................... 305
IV. Magellan à Cébu. — Les pirates de la *Constancia*. — Exécution..................... 331

F. AUREAU. — Imprimerie de Lagny.

www.ingramcontent.com/pod-product-compliance
Lightning Source LLC
Chambersburg PA
CBHW050802170426
43202CB00013B/2531